高情商
人际沟通
心理学

王奕鑫◎编著

中国出版集团
中译出版社

图书在版编目（CIP）数据

高情商人际沟通心理学／王奕鑫编著 . —北京：
中译出版社，2020.1（2024.9重印）

ISBN 978 - 7 - 5001 - 6155 - 4

Ⅰ.①高… Ⅱ.①王… Ⅲ.①心理交往 - 通俗读物
Ⅳ.①C912.11 - 49

中国版本图书馆 CIP 数据核字（2019）第 299518 号

高情商人际沟通心理学

出版发行／中译出版社

地　　址／北京市西城区车公庄大街甲 4 号物华大厦 6 层

电　　话／（010）68359376　68359303　68359101　68357937

邮　　编／100044

传　　真／（010）68358718

电子邮箱／book@ctph.com.cn

规　　格／880 毫米×1230 毫米　1/32

责任编辑／范　伟　　　　　　印　　张／6

封面设计／泽天文化　　　　　　字　　数／135 千字

印　　刷／三河市宏顺兴印刷有限公司　版　次／2020 年 3 月第 1 版

经　　销／新华书店　　　　　　印　　次／2024 年 9 月第 4 次

ISBN 978 - 7 - 5001 - 6155 - 4　　　定价：32.00 元

版权所有　侵权必究

中　译　出　版　社

前　言

俗话说："一言之辩重于九鼎之宝，三寸之舌强于百万之师。"这句话说的就是人与人之间沟通的重要性。在这个人与人之间接触越来越频繁的时代，事业的成功、家庭的幸福、人生层次的提升都不能不借助沟通的力量。

著名作家萧伯纳说过："假如你有一个苹果，我有一个苹果，彼此交换后，我们每人仍只有一个苹果。但是，如果你有一种思想，我有一种思想，那么彼此交换后，我们每个人都有两种思想。甚至，两种思想发生碰撞，还可以产生出两种思想之外的其他思想。"这就是沟通的效果。因为，任何一个人，他所掌握的知识、技能，他的直接经验都是有限的，人要想适应不断变化的外部世界，就必须凭借沟通来获得别人的宝贵经验，沟通使我们无论在思想观念上，还是在情感上都可变得无限丰富。可以这样说，无论你在工作中处于什么样的职位，无论你在生命中扮演着什么样的角色，在相应的人际互动中，沟通始终起着关键性的作用。

松下幸之助还说过："过去是沟通，现在是沟通，未来还是沟通。"这足以说明，沟通永远是不过时的，对于沟通技巧的学习，学无止境。

如果你学识渊博，却因不善言辞而致无人赏识；如果你工作出色却总是得不到领导的赏识和提升；如果你品德良好却无法三言两语化解剑拔弩张的局面；如果你面对客户一让再让而对方始终不满意；如果你一心为家却得不到家人的理解，终日争吵不休……那么，你是否想过，这些都是缘自你沟通的失败。

一个善于沟通的人，能处理好与同事、领导、朋友、家人等各种复杂的社会关系，让自己的一举一动、一言一行都惹人喜爱，这样不但事业上容易成功，而且会广结人缘，收获良好的人际关系。

"世事洞明皆学问，人情练达即文章"，愿所有读到本书的读者朋友都能成为生活中的沟通高手。

目　录

第一章　如何让人一见如故

古人云："有白头如新，倾盖如故。"说的是有的人在一起几十年还是很陌生，有的人只是路上偶遇却一见如故。"倾盖"的意思是马车的华盖往一边倾斜，引申为停下车与人交谈。

从心理学的角度来看，人们总是倾向于以一种与当前的社会情境或人际背景相吻合的形象来展示自己，以确保他人对自己做出好的评价。这种表现包括语言和一些策略性行为，这些表现有助于我们在与人初次见面的短短几秒钟或几分钟内树立良好的形象，和对方"倾盖如故"。

首因效应：珍贵的第一印象

首因效应是由美国心理学家洛钦斯首先提出的，也叫首次效应、优先效应或第一印象效应，指交往双方形成的第一次印象对今后交往关系的影响，也即是"先入为主"带来的效果。虽然这些第一印象并不总是正确的，但却是最鲜明、最牢固的，并且决定着以后双方交往的进程。

如果一个人在初次见面时给你留下良好的印象，那么你就乐于与其接近，并且能相处甚欢，即使他做了不太恰当的举动，你也会选择"忽略"或主动为其寻找解释。

反之，对于一个初次见面就引起你反感的人，即使由于各种原因难以避免与之接触，你也会对之冷淡，甚至会在心理上和行为中与之"敌对"。

多个实验表明这种效应是存在的：向四组大学生介绍一个陌生人，对第一组大学生说这个人性格外向；对第二组大学生说这个人性格内向；对第三组先说这个人外向的特征，后说内向的特征；对第四组先说这个人内向的特征，再说外向的特征。然后让四组人分别叙述对这个人的印象。结果，第一、二组的印象是显而易见的；第三组普遍认为他是外向型人，第四组则普遍认为他是内向型人。这就是首因效应。

在第三、四组中，如果插进两种较强的语言刺激，这时后面的信息就会发生作用，第三组则认为是内向的，第四组则认为那个人是外向的，这就是首因效应的结果。

可见，在人际交往中，人们总是倾向于重视前面的信息，而忽视后面的信息，即使人们同样注意了后面的信息，也会不自主地习惯于按照前面的信息来解释后面的信息。即使后面的信息与前面的信息不一致，也会屈从于前面的信息，以形成整体一致的印象。

美国心理学家曾以麻省理工学院的一班学生做了一个实验。上课之前，实验者向学生宣布，临时请一位研究生来代课。接着分别向学生介绍了有关这位研究生的一些情况。其中向一半学生介绍研究生具有热情、勤奋、务实、果断等品质，向另一半学生介绍的信息除了将"热情"换成"冷淡"之外，其余各项都相同。而学生们并不知道这两种介绍间的差别。

研究生上课结束后，实验者要求学生们填写问卷，讲出他们对代课教师的印象。结果表明，得到包括"热情"信息的学生，对代课教师有更好的印象，纷纷用"是一个能体谅别人、不拘小节、有幽默感、胆气好的人"来形容。这一系列特征都是学生们自己根据"热情"这一核心品质扩散推及出来的。

而得到包括"冷淡"品质的信息的学生，则从中泛化出有关研究生的许多消极品质。可见，仅就"热情"与"冷淡"之别，竟会影响对人整体的印象。

首因效应犹如童贞般宝贵，失去就不可以再来，那么我们如何利用首因效应，给他人良好的第一印象呢？

成功学家卡耐基在《如何赢得朋友》一书里，总结了六条给人留下良好印象的途径：真诚地对别人感兴趣；微笑；多提别人的名字；做一个耐心的倾听者，鼓励别人谈他们自己；谈符合别人兴趣的话题；以真诚的方式让别人感到他自己很重要。

很显然，首因效应具有先入性、不稳定性、误导性，根据第一印象来评价一个人往往失之偏颇。因此，高情商的人在与人交往时，也需要时常提醒自己不要轻易对他人下结论。孔子的"吾始于人也，听其言而信其行；吾今于人也，听其言而观其行"说的就是这个道理。

同理心：说"我们"的妙处

笔者曾经在一家公司当过人事主管，负责过几次招聘。记得在接待应聘者时，一些喜欢用"我们"（或"咱们"）的应聘者，让人听着特别舒服。比如，有应聘者问："咱们公司现在是以哪些业务为主呀？"听上去比"贵公司"或"你们公司"要亲切得多。用"我们"的应聘者，相对来说，我们的距离会无形之间缩短。而用"贵公司"或"你们公司"的应聘者，始终会有一种若即若离的感觉存在。对于这个有趣的现象，作者在其他同行那里也得到了印证。

与人交谈时，把"你""我"变成"我们"有意想不到的好处。表明了"我"和"你"身上一个叫"我们"的战壕，是同甘共苦的"兄弟"。经常把"我"字摆在前面的人，会给人留下独断专行、自高自大的印象，对与人交往有百害而无一利。如果能把"我"字变成"我们"，则显得非常谦虚，说出来的话别人也更愿意听。

一位先生对太太大手大脚很不满，经常劝太太说："您就不会省一点，现在的钱难赚，物价还涨得那么快，别的不说，总要为孩子的将来多准备一点教育储备金吧。"太太每次听了都没效果，有时还会引起争吵。苦恼的先生找到人际沟通专家咨询沟通方法。回家后，调整了说话的方式，多说"我们"，少说"你"和"我"，结果效果非常理想。例如他在劝太太时，会说："我们最近花钱多了点……"甚至，他的建议"我们应该制订一个消费预算"还获得太太的认可并正式执行。前后的区别，就是"我""你"与"我们"的区别，前者有自私的指责味道，后者有共同承担的意思。

当然，"我们"也不能滥用。"我们的公司"可以说，"我们的妻子"可不能乱讲，乱讲说不定会挨嘴巴。此外，还要注意"我们"要用得顺畅，不要生硬，不然不但达不到目的，还会给人造成反感。

"我们"这个词，用得好具有神奇的魅力，它不但能给听话者带来亲切的感觉，还可以体现出讲话者的深明大义与宽广的胸襟。使听话者倍感尊重，而说话者也会有所收获。用这种双方受益的说话方式与人交谈，又何乐而不为呢？

小孩通常喜欢说"这是我的""我要……""你不许动我的东西"等，对于小孩子说出这样的话，人们可能不会在意，但如果这些话出自一个大人之口，就令人很难接受了。人们会将这类人归结在自私自利、以自我为中心的行列当中，这就相当危险了。究其原因是"我"字惹的祸。

顺便提及的是，很多时候，用"我"来代替"你"的表述也有很好的效果。对方做错了事，你说："你怎么会犯这样的错呢?"不如说:"我感到很遗憾。"或"我感到很伤心。"两者视错误的程度而定。如果有人没有遵守承诺,我从不指责他:"你怎么不讲信用!"我只会说:"我很失望!"描述自己的心理,比指责对方的行为更有效。

得体的自我介绍,第一印象满分

托现代科技的福,我们的朋友圈与交际圈越来越广。每次结识新朋友,第一步就是自我介绍。自我介绍是一门学问,介绍得好,会迅速打开沟通之门,介绍不当则适得其反。

你有没有留心过,你对一个人的好感、好印象,常常是从时机恰当、大方得体的自我介绍开始的,不管新朋友、新同事还是新客户皆是如此。如果能运用好自我介绍这把钥匙,那么无论是在工作还是在人际交往中,你都能够得心应手;反之,如果自我介绍平淡无奇,不能给别人留下深刻印象,那么你的社交活动也就意义不大。与人交往时,不管你是主动自我介绍,还是经由他人代为介绍,都不应该表现得太冷淡或者太随便,因为让人印象深刻的互相介绍是双方正式谈话最为重要的一步。

自我介绍是一种拉近双方关系的语言艺术,这种艺术需要以真实诚恳、热心礼貌为基础。自我介绍不是简单地自报姓名,从某种意义上讲,自我介绍是一种学问和艺术,它需要掌握一些必要的技巧。

1. 找准时机

要抓住时机,在适当的场合进行自我介绍。应试求学时，在交往中与不相识者相处时，有不相识者要求自己做自我介绍时，有求于人而对方对自己不甚了解或一无所知时，在旅行途中与他人不期而遇并且有必要与之建立临时接触时，都要进行自我介绍。要在对方有空闲而且情绪较好又有兴趣时进行介绍，这样就不会打扰对方。

在聚会中，主人一般会先做自我介绍，因为他是整个聚会的焦点，有必要让大家先了解一下。其他场合的自我介绍需遵循一个原则：地位低的人应先做介绍，以便让地位高的人了解自己；相对年轻的人要主动向别人介绍自己，接下来长者再做自我介绍以回应。当然，在实际交往中，若你的地位比较高，但对方不太懂得礼仪，那么也可先介绍自己，避免双方尴尬。

2. 把"我"说好

自我介绍少不了说"我"，给别人留下怎样的印象，关键就是看你如何把这个"我"字说好了。有人在自我介绍时每句话都有一个"我"字，听众怎么会不反感呢？有的人说"我"时语气特别重，语音有意拖长，似乎想要通过强调"我"来树立自己的高大形象；更有甚者说"我"时得意扬扬、咄咄逼人。这样的人在自我介绍时不过是在孤芳自赏罢了，这样做只能让人认为他骄傲自大。

所以，在合适的时候平和地说出"我"字，目光亲切、神态自然，才能让他人感受到一个自信、自立而又自谦的好形象。

3. 独辟蹊径

在通常情况下，自我介绍包括姓名、工作单位、职业、学历、特长或兴趣爱好等，但像这种千篇一律的自我介绍几乎不能给人留下印象。

因此，要想让别人记住你，自我介绍时就要与众不同，以独特的方式去介绍自己。在自我介绍时，尽量选择使对方感到有意义又觉得顺其自然的内容，采用生动活泼的语言把自己"推销"给别人。

4. 详略得当

在一些特定情况下，自我介绍的内容需要全面、详尽，不仅要把姓名、身份、目的、要求讲清楚，还要介绍自己的经历、学历、性格、专长以及兴趣爱好。为了取得对方的信任，有时候应讲一些具体事例。求职应聘时，就要做到这些。

另外，为了适应某种情境的需要，自我介绍有时不需要面面俱到，在自我介绍中运用"以点带面""抓住一点不及其余"的方法，反而能收到意想不到的效果。

5. 巧妙注释

"自报家门"是自我介绍不可或缺的部分，为了让对方准确听清自己的名字，往往要对姓和名加以注释，注释得越巧，给人留下的印象就越深刻。对姓名的注释不仅可以反映一个人的文化修养，而且能够反映一个人的口才。

一个人的姓名，往往有着丰富的文化积淀，或折射着凝重的史实，或反映时代的乐章，或寄托着父母的厚望。因此，推敲姓名能令人对你印象深刻，有时甚至会令人动情。

在与人沟通时要注意，自我介绍只是沟通的开始，做好自我介绍，仅仅是好的开始，要使沟通顺利，谈得有趣，谈得投机，还要注意交流的态度。你的言行举止都在向别人诉说着你究竟是怎样一个人。在同陌生人或平时很少打交道的人交流时，应避免傲慢与偏见，尤其是在最初的几分钟里，一定要心平气和、全神贯注、不失礼节地倾听。只有这样，才能给对方留下美好的第一印象，才能使接下来的交流顺畅愉快。

人情世故，一半是在闲聊里

别小看了闲聊，我们所谓的人情世故，一半是在闲聊之中。柴米油盐式的聊天，是我们说得最多的话题。闲聊看似平常，却是能在平常之中见口才真功。聊得来的人，距离迅速拉近，感情立马升温。

闲聊一般都是没有一个特定的话题，天马行空，可以从古人聊到外太空，可以从综艺节目聊到预防猝死。但是在寻找话题的时候，最好不要涉及政治与宗教信仰这两个主题，因为这类话题最容易引起激烈的争辩，而将原来的轻松场面一扫而空。最好谈一些小的、不重要的事情。

不少人在第一次见面闲聊时，喜欢围绕对方所从事的工作谈。总觉得和医生谈开刀、和运动员谈打球、和商人谈经济形势，是"天经地义"的事。殊不知，他们一年到头做同样的事情，已经够烦的了，如果你在业余时间或休闲时间还谈及这类事情，很可能会让对方心烦意乱。

那么，到底应该谈哪些事情呢？最好的办法，就是经常上微博、公众号，以增加应时的谈资。不然，除了"你好吗""今天天气不错啊"之外，接下来你都不知道该聊些什么了。

除了最新最近的新事、奇事、趣事之外，平时你要多储备一些和别人闲谈的资料。这些资料应轻松、有趣，容易引起别人的注意。例如，买东西上当啦，语言上的误会啦，或是办事摆了个乌龙，等等，这一类的笑话多数人都爱听。多讲自己闹过的笑话，开自己的玩笑，除能够博人一笑之外，还会使人觉得自己为人很随意，很容易相处。

惊险的故事也是一个不错的话题。特别是自己或朋友亲身经历的惊险故事，最能引起别人的注意。人们的生活常常不是一帆风顺的，每天大家照常吃饭、照常睡觉，可是忽然大祸临头，或是被迫到一个很远的地方，可能遭遇很多危险……怎样应付这些不平常的局面，怎样机智地或是幸运地在间不容发的时候死里逃生，都是人们永远不会漠视的题材。

未婚女性喜欢谈美容与购物，已婚女性则更愿意谈儿童教育、夫妇之间怎样相处、亲友之间的交际应酬、家庭布置……

夏天谈游泳，冬天谈溜冰，其他如足球、羽毛球、篮球、乒乓球，都能引起人们普遍的兴趣。娱乐方面，像盆栽、集邮、钓鱼、听唱片、看戏，什么地方可以吃到著名的食品，怎样安排假期的节目……这些都是一般人很感兴趣的话题。特别是有世界著名的音乐家、足球队前来表演的时候，或是有特别卖座的好戏、好影片上演的时候，这些更是热闹的闲谈资料。

轰动一时的社会新闻是最常用来作为谈资的题材。假使你有一些特有的新闻或特殊的意见和看法，那足可以把一批听众吸引在你的周围。

闲聊就像打乒乓球，要有来有往

闲聊就像打乒乓球，要有来有往、有问有答才有趣。如果两人聊着聊着，一方突然沉默不语。那意味你们已经打了一个回合，你该重新发球了。

提问就好比乒乓球赛里的发球，看似平常实则内有乾坤。要阐明自己的主张、阐述自己的意见，让对方关注地倾听自己的论述，使其理解、同情，进而接受、支持自己的主张，无疑需要一些良好的提问技巧。人们就常用"查户口"的比喻来讽刺那些僵化的、一问一答的讲话。死板生硬的提问不仅不能起到提问应有的功能作用，甚至会完全窒息友善的谈话空气，破坏谈话的气氛，使谈话难以进行下去。

闲聊时问话须注意的是：问对方知道的，问对方能够回答的。如果你不确知对方能否回答，那么还是以不问为好。例如问一个医生："去年本省患甲肝的病人有多少？"这是不容易回答的，要是对方的答语是"不大清楚"，这样不仅使答者有伤体面，而且双方都感到没趣，这并非说话艺术。

凡是对方不知道或不愿让别人知道的事情都应避免发问。问话的目的是引起对方的兴趣，不是使任何一方没趣。要是能使答者起劲，同时也能增长你的见识，那便是问话的最高本领。

有些问题，在你得不到圆满的答复时，是可以再继续问下去的，但有些问题问过以后就不宜再问。比方说，你问对方住在哪里，如果他说"在朝阳区"或者说"在海淀区"，那么你就不宜再问某街某号。如果他乐意让你知道，他一定会主动详细说出，而且最后还会补上请你光临的客气话。举一反三，其他诸如此类的问题也是一样，适可而止。

问话是表示虚心，表示谦逊，同时也是表示尊重对方。"帮我把信寄了"就远不如说"能不能帮忙寄信？"后者使人听了觉得舒服。

同样，对某件事情不明白，就不妨请教别人。自作聪明是最吃亏的，一个坦诚的、求教于人的问话，最能博取别人的欢心。

闲聊中，肯定对方以及对方拥有的，是建立良好人际关系的基本方法。

如果对方的意见和你的想法不同，也绝不要直接否定人家。如果对方说："人生还是金钱最重要。"就算你不同意，也可以婉转地回答："我也这么想。但是，应该也有一些例外吧……"先接受对方，听完对方的说明，再表明自己的主张，态度可以坚决，但是语气要尽量委婉。

人一旦被对方认同，就会在潜意识里觉得对方很重要，自然也就会对对方产生好感，也就愿意接受对方的意见。

高情商人士从不说的六种话

一个人的情商高低，往往从说话就可以看出来。说话时有下面六个特征的人就属于情商低。这样的人，在生活中属于不受欢迎型的，但他们常常还不知道是哪些原因造成的。做一个高情商的人，不是说讨好别人，而是与大家能够和谐相处，帮助生活与事业更上一个台阶，生活得更加自信、阳光、乐观。

第一，说话喋喋不休。在与人交谈中，总将自己放在主要位置，自始至终一人独唱主角，喋喋不休地推销自己，滔滔不绝地诉说自己的故事。漫无边际、喋喋不休无疑是在打自己付费的长途电话。这样不但不能表现自己的口才，反而令人生厌。"一言堂"不能交流思想，不能增进感情。交谈时应谈论共同的话题，长话短说，让每个人都充分发表意见，留心别人的反应，这样才能使气氛融洽，众情相悦。正如亚历山大·汤姆所说："我们谈话就像一次宴请，不能吃得很饱才离席。"

第二，逢人诉苦，散播悲观情绪的话。在人的生涯中，每个人都会遇到挫折和苦难，但每个人对待的方式不同，有的人迎难而上，有的人知难而退，有的人却将苦难带来的愁苦传染给别人，在众人面前条陈辛酸，以获同情。交流中一味地诉苦会让别人觉得你没魄力，没能力，会失去别人对你的尊重。

第三，无事不通，显得聪明过人的话。言谈中，谈话的内容往往涉及天文、地理、历史、哲学、古今中外、日月经天、江河行地般的话题。如果在交谈中表现"万事通""要大能"，到时定会打自己的嘴巴，砸自己的脚。因为交谈是相互了解、相互交流的方式，而不是表现学识渊博、见识广泛的舞台。更何况老子曾说过："言者不知，知者不言。"交谈中什么都说的人未必什么都知道。

第四，空话套话，就是不讲实话。大多数的孩子都喜欢肥皂泡，被吹出来的肥皂泡在阳光下闪耀着色彩艳丽的光泽，实为美妙。随着五彩泡泡的不断升高，开始一个接一个破碎。所以人们常把说空话喻为吹肥皂泡，真是恰当不过。那些充满各种动听、虚幻诱人的词句，细细咀嚼却没有任何实在的内容的，是迟早会破灭的。

第五，武断的话。武断是交谈的毒药，如果你开口"当然"，闭口"绝对"，那别人还有什么话可说呢？所以，你要尽可能避免说这样的话："所有的政治，都是欺骗。""所有的战争都是罪恶。""所有的女人都是弱者。"像这样的话，不但使你显得偏激，而且也不符合事实。在你的语句中，

13

要多用一些这类字眼："有的人……""有的时候……""可能""也许""或者"……给你的意见或判断略微加一些限制，留一点余地。在说完自己的意见之后，也不妨问一问对方："这是我个人的看法，你觉得怎样？"或者说："我可能有错，我希望知道你的看法。"

第六，质问的话。谈话时习惯质问对方的人，多半胸襟狭窄，好吹毛求疵，与人为难，或性情孤僻，或自大好胜。所以即使在说话这种小节上，也能把个人的品格表现出来。其实，除了在不得已的场合，如在法庭上辩论之外，质问的对话方式是大可不必采用的、如果你觉得意见不对，你不妨立刻把你的意见说出来，何必一定要先来个质问，使对方难堪呢？

例如，甲："昨天我想是今年以来最酷热的一天了。"乙："你怎么会这么说呢？"

对方虽然说错了，但你何必要先给他一个难堪的质问呢？你既然知道昨天温度不过34℃，而前天却达到35℃，那么你就说出来好了。先质问，后解释，犹如先向对方打了一拳，然后再向他解释一样，这一拳，足以破坏双方的情感。被质问的人往往会被弄得不知所措，自尊心受到很大的打击，如果他也是个脾气不好的人，必会恼羞成怒，而激起剧烈的争辩。

近因效应：重视最后的机会

在初次见面中，人们普遍比较重视开头，万事开头难，而对于结束谈话，人们往往不够重视。话说完了，说声"再见"就结束了。

其实，结束谈话并非如此简单。我们还得了解"近因效应"，与首因效应相反，近因效应是指当人们识记一系列事物时对末尾部分项目的记忆效具优于中间部分项目的现象。前后信息间隔时间越长，近因效应越明显。原因在于前面的信息在记忆中逐渐模糊，从而使近期信息在短时记忆中更为突出。

相对而言，在人和人交往的初期，也就是在彼此间还比较生疏的阶段，首因效应的影响更重要；而在交往后期，即在彼此之间已较熟悉时，近因效应的影响则更重要一些。然而，在初次的人际沟通中，近因效应更容易让人记忆持久深刻。因此，在初次见面时与人沟通时既要重视好的开头，又要重视好的结尾，不然头开得再好也无济于事。总之，第一次和陌生人交谈，切忌虎头蛇尾。

有些人天生反应就有些迟缓，一坐下来就忘记了时间，以至于打扰太久，浪费了主人宝贵的时间。这时有些人会直接下逐客令。有些人则修养甚佳，不好意思有所表示。不过，心里的焦急总会在表情上或行动上表现出来，其中比较常见的一种表现就是主人偷偷地看表，而这一点也是最容易让人忽略的。

如果你在与人初识的时候，谈话中发现对方瞄了一下钟表，就应该立即做好结束话题的准备，起身告辞，只有这样才会给对方留下一个好印象；没完没了地说下去，对方会由不耐烦转为厌恶，反而得不偿失。

有些人频频看表之后，发现对方依旧没有告辞之意，这时就会直接问对方："现在几点了？"如果对方仍然没有意识到。你可能会说："啊！已经十点了！"如果这样说对方还不明白，那就真是个十分迟钝的家伙，你就可以对他下逐客令了！

如果在见面之初就说好结束的时间，也会给对方留下一个好印象。另外，在交谈结束后，还要考虑运用能给对方留下深刻印象的告别语，而不是简单的"再见"二字。

1. 征询式收尾

交谈结束前，你根据自己的"谈话使命"综合"交谈情况"一目即了地与交谈后的吻合情况向对方征求意见、说明、要求或建设性的忠告、劝诫等，这就是征询式收尾。

当你与下属交谈工作结束时，你应说："你还有别的什么要求和意见吗？"

"你在生活上还有什么困难和要求吗？只要有可能，我们将尽力帮助你解决……"听者也应同样征询对方："除了工作之外，你对我还有其他意见和看法吗？如果现在想不起来，日后尽管提，我是不会计较别人对我提意见的方式的……"

在交谈艺术中，征询式的收尾往往给人以谦逊大度、仔细周到和深沉老成的印象。运用征询式的收尾，对方听了无疑有一种心悦诚服、倍感亲切、心心相印的感觉，从而取得融洽关系、发展事业的良好效果。

2. 道谢式收尾

道谢式收尾，在交谈艺术中具有较强的礼节性，它的基本特征是用讲"客气话"作为交谈的结束语和告别语。道谢适用的场景和对象是最广泛的，无论是上下级、同事、亲朋好友还是熟人、邻舍以及初识者之间都是适宜的。

如果一次同志式的思想启迪性交谈行将结束，可用"听君一席话，胜读十年书""你对我学习上的帮助和生活上的关怀，我感激不已""送君千里，终有一别，谢谢你的盛情款待""赵先生，在您的悉心指导下，我明白了自己的责任，我一定按您的指教去做。谢谢您了，再见！"结束。

3. 祝愿式收尾

这种收尾方式的特点是，不仅具有较强的礼节性和情趣性，而且还具有极大的鼓动力，如再加上适当的口语修辞，它的效果无疑会非常显著。例如："再见吧，路上保重。祝你一帆风顺！""祝您成功，恭候佳音！"

"时间不等人，生活就是拼搏，抓紧时间，就等于延长生命。我想你是这样一个人，再见！"

"一个伟大的男人就应该具有不凡的气概。只有经得起磨难，才能砥砺出刚强的锋芒……让我们都成为这样的男人吧！再见！"

结束交谈的表达方法多种多样，只要我们能够驾驭情境，正确审视对象，选择得当的话语，那么，不仅会非常得体，而且还会余韵犹存，感人至深。

4. 邀请式收尾

邀请式收尾的基本特征是运用社交手段向对方发出礼节性的邀请或正式邀请。前者的效用体现了"客套式"所需的礼仪，后者则表现了友谊的生命力。

如"客套式"邀请："如果您下次路过北京，请到我们家来做客。再见！"

如正式邀请："今天我们就说到这里吧，后天下午5点请你到我们家吃顿便饭，那时我们再详谈吧。再见！"

上述两种邀请式收尾语，在社会交际中都是必不可少的。"客套式"邀请是一种礼节，正式邀请更是一种友好和友谊的表示。运用这种结束语，无疑是符合社交礼仪的。

最后，沟通结束后一定要注重礼仪。比如，到别人家里去做客，说话的时候虽然十分愉快，可是告辞出来时，才刚刚跨出大门一步，就听到身后的门被"砰"的一声给关上了，相信无论是谁遇到这种情形，本来愉快的心情都会凉半截。也许对方是无意的，可是对于客人来说，心中总会有些猜疑，而原来畅谈甚欢的会面也会因此而荡然无存。所以，分手时的印象可以左右整个会面的结果，是成是败，最后一刻的表现显得相当重要。

所以说，在告别前一刻说出你对当天会面的感想，可能给对方留下深刻的印象，但是措辞要恰当，否则会抹杀原来的效果。你可以使用"绝对""非常"等一类有强调意义的句子来表达你的感受，这样能够使对方感觉到自己的重要性。例如："您的高论让我茅塞顿开，对我的点拨非常之大。"

在谈话过程中，如果不断地夸奖对方，会被误认为太阿谀，而最后分手时几句赞美的话有时会收到意想不到的效果。

第二章　善于调动情感者胜

　　人类一切美好的情感，都具有无穷力量。高情商人士在与人沟通中，都懂得以情动人，擅长通过调动对方的情感，来达成自己想要的目的。

保龄球效应：积极鼓励胜过消极鼓励

两名保龄球教练分别训练各自的队员。他们的队员都是一球打倒了7只瓶。教练甲对自己的队员说："很好！打倒了7只。"他的队员听了教练的赞扬很受鼓舞，心里想，下次一定再加把劲，把剩下的3只也打倒。

教练乙则对他的队员说："怎么搞的！还有3只没打倒。"队员听了教练的指责，心里很不服气，暗想：你咋就看不见我已经打倒的那7只。

结果，教练甲训练的队员成绩不断上升，教练乙训练的队员打得一次不如一次。

积极鼓励往往会带来积极的效果，消极鼓励往往会带来消极的效果，这被称为"保龄球"效应。

获得他人的承认与肯定，是人性深处最本质的渴望。在戴尔·卡耐基的《人性的弱点》一书中有这样一段话：美国钢铁大王安德鲁·卡内基选拔的第一任总裁查尔斯·史考伯说："我那能够使员工鼓舞起来的能力，是我所拥有的最大资产。而使一个人发挥最大能力的方法，是赞赏和鼓励。"再也没有比上司的批评更能抹杀一个人的雄心。我赞成鼓励别人工作。因此我急于称赞，而讨厌挑错。如果我喜欢什么的话，就是我诚于嘉许，宽于称道。但一般人怎么做呢？正好相反。如果他不喜欢什么事，他就一心挑错；如果他喜欢的话，他就是什么也不说。他的员工会说："第一次我做错了，马上就能听到指责的声音，第二次我做对了，绝对听不到夸奖。"

史考伯说："我在世界各地见到许多大人物，还没有发现任何人——不论他多么伟大，地位多么崇高——都是在被赞许的情况下比在被批评的情况下工作成绩更佳、更卖力气的。"

而安德鲁·卡内基甚至可能在他的墓碑上也不会忘记称赞他的员工，据说他为自己撰写的碑文是："这里安葬着一个人，他最擅长把那些强过自己的人组织到为他服务的管理机构之中。"

心理学家研究证明，积极鼓励和消极鼓励（主要指制裁）之间具有不对称性。受过处罚的人不会简单地减少做坏事的心思，充其量，不过是学会了如何逃避处罚而已。我们常常听到这样的议论："干得越多，错误越多。"潜台词就是：为了避免错误，最好的办法是"避免"工作。这就是管理者不当的批评、处罚等"消极鼓励"的后果。

而"积极鼓励"则是一项发掘员工潜在的工作积极性的管理艺术。受到积极鼓励的行为会逐渐占去越来越多的时间和精力，这会导致一种自然的演变过程，员工身上的一个闪光点会放大成为耀眼的光辉，同时还会"挤掉"不良行为。

要想学会真诚地赞赏，首先就要学会从员工身上发现闪光点，特别是在面对某种失败的情况下，更要善于找到积极的因素来进行鼓励。用好赞赏的技巧，关键是要把"注意力"集中到"被击倒的那7只羊"上，别老忘不了没击倒的那3只。

要相信任何人或多或少都有长处、优点，只要"诚于嘉许，宽于称道"，就会看到神奇的效力。

赞美是口德：好话人人爱听

高情商人士早就知道：人人都喜欢听好话、喜欢受赞美。别不承认，你要是个不喜欢听好话、不喜欢受赞美的人，那真是一个无比英明的人！说你"无比英明"，你一定会很喜欢。那么，你归根到底还是一个喜欢听好话、喜欢受赞美的人。

赞美之于人心，如阳光之于万物。在我们的生活中，人人需要赞美，人人喜欢赞美。这绝不是虚荣心的表现，而是渴求上进，寻求理解、支持与鼓励的表现。

被誉为"成人教育之父"的卡耐基讲了一个自己亲身经历的故事：

有一天，我在纽约的一个邮局里排队等候发一封挂号信，柜台后面的办事员显然对工作感到不耐烦，因为他日复一日重复着机械的工作。

我便对自己说，我要让那位办事员喜欢我，而要讨他喜欢，我显然必须说一些关于他的好话。称赞眼前的这位职员似乎并不让我感到困难，我马上找到了称赞的话题。

在他称我的信的重量时，我真诚地对他说："我真希望能有你这样的好头发。"

他抬起头，吃惊的脸上溢出微笑："哦，它早已不像以前那么好了！"他谦虚地回答。我告诉他，虽然它可能已没有原来的好，但仍然非常漂亮，他十分高兴，和我谈了一会儿，最后说："许多人都说我的头发好看。"

我敢保证，中午吃饭的时候，他一定满面春风，晚上回家的时候，一定会将此事告诉他的妻子，他会照着镜子对自己说："这头发多好看！"

有一次，我在演讲的时候提起这事，有人问我："你想从那人身上得到什么？"

我想从那人身上得到什么？

假使我们真是这么自私，这么功利，从来都是吝啬于给别人带去一点快乐，一旦没有从他人身上得到一点好处，就不再对他人表示一点赞赏或表达一点真诚的感谢。如此，我们的灵魂比野生的酸苹果大不了多少，我们的心灵会何等的贫乏！

爱听赞美，出于人的自尊需要，是一种正常的心理需要。人们总是自觉不自觉地在他人那里寻找自身存在的价值，内心深处都有被重视、被肯定、被尊敬的渴望。当这种渴望实现时，人的许多潜能和真善美的情感便会被奇迹般地激发出来。

一句鼓励的话语，一阵赞赏的掌声，都会使一颗疲惫的、困顿的心感受到一缕阳光般的温暖。经常听到真诚的赞美，明白自身的价值获得了社会的肯定，有助于增强自尊心、自信心。

赞美并不等于善言，适度赞美才是善言。如果错误地把赞美当作善言，不分对象、不分时机、不分尺度，在交际中总是千方百计、搜肠刮肚找出一大堆的好话、赞词，甚至把阿谀当作善言，那么常常会事与愿违。

那么，如何准确地把握赞美，使赞美恰如其分而不失度地成为真正的善言，取得事半功倍的效果呢？

1. 因人而异，使赞美具有针对性

赞美要根据不同人的年龄、性别、职业、社会地位、人生阅历和性格特征进行。对青年人应赞美他的创造才能和开拓精神；对老年人则要赞美他身体健康、富有经验；对教龄长的教师可赞美他桃李满天下，对新教师这种赞美则不适当。

2. 借题发挥，选择适当的话题

赞美本身不是目的，而是为自荐创造一种融洽的气氛。比如看到电视机、电冰箱先问问其性能如何；看到墙上的字画就谈谈对字画的欣赏知识，然后再借题发挥地赞美主人的工作能力和知识阅历，从而找到双方的共同话题。

3. 语意恳切，增强赞美的可信度

在赞美的同时，准确地说出自己的感受，或者有意识地说出一些具体细节，都能让人感到你的真诚，而不至于让对方认为是溢美之词。如赞美别人的发式可问及是在哪家理发店理的，或说明自己也很想理这样的发式。美国前总统罗斯福在赞扬英国前首相张伯伦时说："我真感谢你花在制造这辆汽车上的时间和精力，造得太棒了。"总统还注意到了张伯伦曾经费过心思的一个细节，特意把各种零件指给旁人看，这就大大增强了夸赞的诚意。

4. 注意场合，不使旁人难堪

在多人在场的情况下，赞美其中某一人必然会引起其他人的心理反应。假如我们无意中赞美了某职称晋升考试成绩好的人，那么在场的其他参加考试但成绩较差的人就会感到受奚落、挖苦。

5. 措辞适当，不使人产生误解

在现实生活中往往会出现这样的事情，说话者好心，而听话者却当成恶意，结果弄得不欢而散。我们要尽量使赞美的语意明确，避免听话者多心。

6. 适度得体，不要弄巧成拙

不合乎实际的赞美其实是一种讽刺，违心地迎合、奉承和讨好别人也有损自己的人格。适度得体的赞美应建立在理解他人，鼓励他人、满足他人的正常需要及为人际交往创造一种和谐友好气氛的基础之上。

用情感征服人心，沟通更上台阶

有两位退休老同志是多年的同事和邻居，因为各自不懂事的小孙子打架而造成了隔阂，互不说话、形同陌路。其中一位多次想化解矛盾，但总是没有取得什么效果。这次他又上门了，对不肯和好的老人说：

"我今年72岁了，你比我大3岁，75岁了吧。记得我们那一批青工刚进厂时，20岁出头，多年轻！我们一起打篮球、摸鱼，有一次去乡下偷新鲜的苞谷，被农民一阵猛追，我爬不上那个山坎，幸亏你在上面给我搭了一把手，要不我就被逮住了，说不定要挨揍呢。现在，当年的那帮调皮青工有几个都不在人世了，唉……我们也是半截身子入黄土了，还有多少年活头呢？想一想，为了小孩们的那点破事儿生气，真不值得呀。难道我们还要把这些不好的东西带到坟墓里去吗？"

这番话，完全抛开谁对谁错的纠缠，直接将矛头对准人的情感。有道是"通情达理"，情一通，理就自然达了。上面那位老人的话，让铁石心肠的人听了都找不到拒绝的理由。

这个世界最难征服的不是山峰，而是人心。如果你学会了用情感去征服人心，你的沟通将更上一个台阶。

被你的情感打动的人，是在"内心"的呼喊中按照你的想法去做。前者是：我必须那样去做，否则就是不讲道理。后者是：我必须那样做，否则就是没有良心。两者之间没有高下之分，只是技艺不同而已。有的人吃硬（理），有的人吃软（情）。如此而已。

法国企业家拉蒂艾专程来到印度首都新德里，打算找拉尔将军谈一桩飞机销售的大买卖。

拉蒂艾在新德里几次约拉尔将军洽谈，都没能如愿。最后总算逮着通话机会了，但拉蒂艾只字不提飞机合同的事，只是说："我将到加尔各答去，这次只是专程到新德里以私人名义来拜访将军阁下，只要10分钟，我就满足了。"拉尔勉强地答应了。

秘书引着拉蒂艾走进将军办公室，板着脸嘱咐说："将军很忙！请勿多占时间！"拉蒂艾心想，太冷漠，看来生意十有八九要告吹了。

"您好！拉蒂艾先生！"将军出于礼貌伸出了手，想三言两语把客人打发走。

"将军阁下！您好！"拉蒂艾表情真挚、坦率地说，

"我衷心向您表示谢意……"

将军感到莫名其妙。

"因为您给了我一个十分幸运的机会，在我过生日的那一天，终于又回到了自己的出生地。"

"先生！您出生在印度吗？"将军微笑着说。

"是的！"拉蒂艾打开了话匣子，"1929年3月4日，我出生在贵国名城加尔各答。当时，我的父亲是法国歇尔公司驻印度代表。印度人是热情好客的，我们全家的生活得到了印度人民很好的照顾……"

拉蒂艾动情地谈了他对童年生活的美好记忆："在我过3岁生日的时候，邻居的一位印度老大妈送我一件可爱的小玩具，我和印度的小朋友一起坐在大象背上，度过了我这一生中最为开心快乐的一天……"

拉尔将军被深深感动了，当即发出邀请说："您能来印度过生日真是太好了，今天我想请您共进午餐，以示对您生日的祝贺。"

汽车在开往餐厅的途中，拉蒂艾打开公文包拿出一样东西——不，不是飞机销售的合同样本，而是一张颜色已经泛黄的照片。拉蒂艾庄严肃穆地捧着照片，恭恭敬敬地展示在将军面前："将军阁下，您看这个人是谁？"

"这不是圣雄甘地吗？"

"是呀！您再瞧瞧左边那个小孩，那就是我。4岁时，我和父母一起回国，在途中很幸运地和圣雄甘地同乘一艘轮船，这张合影就是那次在船上拍的，我父亲一直把它当成这世上最珍贵的礼物珍藏着。这次，我要去拜谒圣雄甘地的陵墓……"

　　"您对圣雄甘地和印度人民的友好感情，令我深表感谢！"拉尔将军说。

　　自然，午餐的气氛是极为融洽的。

　　当拉蒂艾告别将军时，这宗大买卖已经成交了。

　　试想，如果拉蒂艾一见拉尔将军，就大谈飞机业务，纵使他将道理讲得头头是道，估计也谈不成这笔大买卖。

　　著名人际沟通专家卡耐基（美国），在他的著作《怎样使你的谈吐更动人》中说："言传心声，动之以情，是任何消极对立的观点都难以招架的。"为了进一步说明，卡耐基谈到了自己的一次亲身经历。他曾经应邀作为一所大学演讲大赛的评委。参加最后冠军角逐的是6个大学生，其中有5个大学生有过专业系统的演讲训练，但最终冠军被那位从来就没有接触过演讲的学生获得。那个获奖者是来自非洲的祖鲁人，其演讲题目为《非洲对现代文明的贡献》。卡耐基评价这个来自非洲的学生说：他在自己的每一句话里都倾注了深厚的感情。卡耐基领悟到：理性的光辉有时会让别人站在远处难以靠近，感性的语言却可以拉近人心引起共鸣。

　　美国二战英雄麦克阿瑟将军，历来有"刚烈将军"之名。作为将一生献给军营的职业军人，他的身上更多的是铁的规矩与血的躁动。但刚烈将军也有柔情，在他告别国会大厦的演讲中，他用饱含情感的语言，打动了所有的听众，以及几十年来阅读到该讲演稿的人。这篇讲演叫《老兵不死，他们只是慢慢凋零》。限于篇幅，我们摘录其中两段如下，让读者体会"动情"的力量——

当我听到合唱队唱的这些歌曲，我记忆的目光看到第一次世界大战中步履蹒跚的小分队，从湿淋淋的黄昏到细雨蒙蒙的黎明，在湿透的背包的重负下疲惫不堪地行军，沉重的脚踝深深地踏在炮弹轰炸过的泥泞路上，与敌人进行你死我活的战斗。他们嘴唇发青，浑身污泥，在风雨中颤抖着，从家里被赶到敌人面前，许多人还被赶到上帝的审判席上。我不了解他们生得是否高贵，可我知道他们死得光荣。他们从不犹豫，毫无怨恨，满怀信心，嘴边叨念着继续战斗，直到看到胜利的希望才合上双眼。这一切都是为了它们——责任——荣誉——国家。当我们蹒跚在寻找光明与真理的道路上时，他们一直在流血、挥汗、洒泪。

20年以后，在世界的另一边，他们又面对着黑黝黝肮脏的散兵坑、阴森森恶臭的战壕、湿淋淋污浊的坑道，还有那酷热的火辣辣的阳光、疾风狂暴的倾盆大雨、荒无人烟的丛林小道。他们忍受着与亲人长期分离的痛苦煎熬、热带疾病的猖獗蔓延、兵家要地的恐怖情景。他们坚定果敢的防御，他们迅速准确的攻击，他们不屈不挠的目的，他们全面彻底的胜利——永恒的胜利——永远伴随着他们最后在血泊中的战斗。在战斗中，那些苍白憔悴的人们的目光始终庄严地跟随着责任——荣誉——国家的口号。

值得注意的是，在说话或演讲中，煽情时要控制住自己情感的状态，不能一味泛滥。毕竟我们不是为煽情而煽情，要知道收和放。煽别人的情，说自己的理。有些人讲到伤心处泣不成声，愤慨时词不成句，高兴时手舞足蹈，结果别人根本就听不清你说的是什么，无法和你产生共鸣。

高情商人士都说有人情味的话

人情味是什么？

要准确地定义还真不是一件容易的事情。抽象地说：人情味是人类情感互动的一种表现，引起他人情感上的共鸣，或使他人感到温暖。人情味有一种说不出的滋味，是一种意味深长、耐人寻味的情感。

俗话说："人非草木，孰能无情？"人情味是一种复杂的混合味道，是以真诚为基础的，不是博爱而是关怀，不是表面的礼貌而是内心的尊重。人情味是一种克己谅人，是一种淡淡的味道，闻了沁人心脾。一个没有人情味的人，如同草木般独自枯荣一世。

1988年10月24日，布什在与竞选对手杜卡基斯举行电视辩论。谁在公众面前把形象塑造得更好，谁就能赢得更多人的支持而当上总统。所以布什和杜卡基斯都对这次公开辩论异常重视，不敢掉以轻心。

当记者问"你是如何对付曾经刻骨铭心的困难"时，杜卡基斯这样回答："1978年，我在竞选麻省民主党州长候选人时落选，我感到十分痛苦。我知道，是我自己造成这次选举的失败。我没有去责备别人。然而，没有痛苦就没有前进，我从中悟出了不少道理——虽然失败了，但失败却丰富了我的人生。有幸的是我有一个非常幸福的家庭，我想假如你也有同样痛苦的时刻，那么你的家庭将会给你最强有力的全力支持。"

对同一个问题，布什是这样回答："我的孩子的死是我迄今生活中最痛苦的时刻。有一天，医生对我们说：'你们的孩子得了白血病。'我问他，这是什么意思。医生告诉我们：'这意味着她就要死了。你们必须决定，如何对她进行治疗，或者让她听凭自然走完这个过程，这样的话，她大约能活三个星期。'假如我们决定，不给她任何医治任凭其死去，那么我们会感到极大的痛苦。然而医治她，却要使这个幼小的孩子承受各种痛苦，我们实在于心不忍。但是，在我那坚强的妻子的帮助下，在温暖和谐的家庭支持下，我增强了信念，很好地处理了这件事。我的女儿又活了六个月。当然，要是在今天，她可能多活好几年。"

杜卡基斯说的是事业，是前途，布什谈的只是生活，是细节。布什虽然说的是一件伤心的事，但由于话语中含有人请——广泛处于社会各个阶层各个角落的父母子女都能体会到的浓烈的亲情，就像加过糖的咖啡一样，尽管底味有点苦，却恰到好处地托出了糖的甘甜。布什的话成功地让选民觉得他是个可敬可亲且富有人情味的人，与杜卡基斯相比，他是总统更为合适的人选。正由于布什这段极富人情味的话赢得了不少善良选民的心，使本来与布什不相上下的杜卡基斯的形象在选民中急转直下，最后满怀遗憾地落选。由此可见，人情味在社会交往中很重要。人的感情总是可以相通的，只要不是故作多情，无病呻吟，在社交场合与人交谈时，我们就要恰如其分地使自己的话带有人情味，让人觉得你的话像加过糖似的，亲切、甜美而又切实可信。

我们在沟通时，要不断地提醒自己：在整个交谈的过程中，都应带有人情味。中国有句俗话，叫"良言一句三冬暖"。古代大思想家荀子也说过"与人善言"，正是我们提倡的话语中所要讲求的人情味的真谛。

在拥挤的火车上，一位疲惫不堪的妇女，带着一个四五岁的孩子站了很久也没有人让座。孩子指着坐在旁边的一个小伙子对妈妈说："妈妈，我累了，你跟这位叔叔说说，让我坐一会儿吧。"妈妈轻声地对孩子说："妈妈知道你是一个非常懂事的好孩子，叔叔也很辛苦，也很累，再坚持一会儿吧。"一番话说得小伙子再也坐不住了，站起来说："小朋友，你来坐吧，叔叔不累。"这样，小伙子主动让了座。

妈妈的话为什么有如此巨大的感染力？原因就在于她的话语能够克己谅人，充满了对别人旅途艰辛苦累的深深理解，有一种浓厚的人情味。话不多，情却浓。取得的实际效果是很明显的。

在人际交往中，人情味常以其产生的巨大征服力和凝聚力而备受青睐，给咖啡加点糖，给我们的谈话加点人情味，这样的语言将深得人心，何乐而不为呢？

让对方情绪激动，无意识中被操纵

通过各种手段，让对方的情绪变得激动，在无意识中受到你的操纵，去干你想让他干的事。这就是激将法的妙处。

一提起启功，我们第一个反应是：他是一位著名的书法家。其实，启功不仅书法超凡，在绘画、国学上，都有着极深的造诣。启功年少时学画，颇有所成。一位长者命他作画一幅，裱后挂起。启功很是得意，然而长者又说："画完后不要落款，请你的老师落款。"这话令启功大受刺激，遂暗下决心，发愤练字。到了后来，启功的书法竟超越了他的绘画。启功的字，柔中带刚，温润而不失清隽之气；浑成庄重，秀美而兼有萧散简远之意。

人的动力从何而来呢？是从天上掉下来的吗？当然不是，是来自内心，表现于外在。在我们过去的经历中，一定也会遇到类似的情形：被人嘲笑、轻视。有一些已经忘了，而有一些却那么刻骨铭心。对于那些刻骨铭心的"耻辱"，你不会只是记恨吧？可曾为改变耻辱如启功一样努力过？

从心理学的角度来看，当一个人的自尊心受到了强烈的负面刺激时，往往会产生强烈的羞耻感。越是好强的人、自信的人，其羞耻感越强。在羞耻之下，人很可能激发出惊人的力量与恒久的毅力。所谓"知耻而后勇"，说的就是人在遭受耻辱后的奋发图强。

如果说高情商语言是一把刀的话，那么激将法绝对是一把"杀人"不见血的刀。如果说高情商语言是葫芦里的药的话，那么激将法绝对是那味药性最猛的。

孟子说过："一怒而天下定。"这怒因刺激而起，勇气也从胆中生，许多事业凭一怒而成，也有无数坏事起于一怒之间。可见这"激"的功用，达则兼济天下，穷则祸及本身。所谓"激将"，是指对人而说，即激发他人的勇气，替自己去执行任务。对个人来说是挑拨，对团体来说是煽动，手段不同，目的一样。

激将的方式很重要，方式决定了最后的成败。唐僧因为误会孙悟空，将其赶走。后来唐僧被妖精抓了，要炖着吃。猪八戒没办法，请孙悟空出山救师父。孙悟空因为是被唐僧撵走的，心里还记恨着，但一听猪八戒说那妖精声称要剥自己的皮、抽自己的筋、啃自己的骨、吃自己的心，直气得抓耳挠腮，连忙下山打妖精救师父去了。

猪八戒看上去不灵泛，但在请猴哥出山时还真聪明。他一个巧妙的激将法，就让猴哥的心里觉得痒得紧，完全不顾什么师父对自己的误会，全部想法都是如何把妖精打个落花流水，以解自己心头之恨！

激将法是富有戏剧性的谋略，常见于诸多典籍中。没有人轻易服输，英雄人物之所以能够做出惊天动地的事，往往就因为他们争强好胜。这一点，正是激将法的心理基础。激将法主要是通过隐藏的各种手段，比如言语的挑拨或事情的刺激，让对方进入激动状态如愤怒、羞耻、不服，去干平时不敢干、不愿干的事。

汉献帝建安十三年，枭雄曹操亲率百万大军压境，剑指蜀汉与东吴。诸葛亮奉刘备之命，去游说孙权联手抗曹。

诸葛亮到了吴国后，没有轻举妄动直接劝说孙权。他想先取得掌握吴国兵马大权的周瑜大将军的支持。诸葛亮和周瑜都是旷世奇才，他们的过招可谓精彩纷呈。那天，诸葛亮、鲁肃、周瑜共商大计。首先，由鲁肃进行军情汇报。周瑜听了，卖了关子："应该向曹操投降。"这其实不是周瑜的真实意思，他这样说是想将诸葛亮的军。周瑜料定诸葛亮不会投降，也揣摩出了诸葛亮此行的目的。他这样说只是想把自己放在一个有利的位置上，以便在联合抗曹的谈判中获取更大的筹码。

诸葛亮岂会轻易上当，去慌慌张张地说什么"都督万万不可"之类的话，将自己硬生生地置于谈判劣势之下？他听了之后，只是微微一笑，顺着周瑜的话说："将军所言极是！"这下轮到周瑜纳闷了。

两方既然都"主张"投降，那还有什么好谈的？诸葛亮如何转了一个弯，把鲁肃拉来当炮灰。他装出很诧异的样子，说："鲁肃将军居然主张和曹操对抗，真是不了解天下大势。"

把鲁肃利用了一把。诸葛亮开始切入正题："吴国的投降很简单，几乎没有任何损失，无非就是把大乔、小乔两名美女献给曹操，这样曹操就会心满意足地退兵。"接着，诸葛亮高声朗诵起《铜雀台赋》。

诵完了赋，诸葛亮继续说："此赋是曹操儿子曹植所作，当年曹操在建铜雀台时，曹植特作赋来赞美，其中之'揽二桥于东南兮，乐朝夕之与共'中，用'二桥'来影射'二乔'，意思是说'当大王即位之后，在江河畔景盛之地建金殿玉楼，极尽庭园之美，藏江东名媛大乔、小乔于此天天欢娱'。吴国美女无数，献上大乔、小乔如同从大树上落下两片树叶而已，根本就没有什么大不了的。所以，要投降的话，速速把大乔、小乔送往曹营，问题便可顺利解决，根本不必再让将军劳神。"（诸葛亮在此篡改了曹植原文并故意歪曲其意思，原文为"连二桥于东西兮，若长空之虾蝶"。）

大乔是"先帝"孙策的遗孀，小乔可是周瑜的心肝宝贝，她们是江南最为绝色的姐妹花。献上大乔可谓大不义，献上小乔可谓绝无情。自古英雄皆难过美人关，多少豪杰怒发冲冠只为红颜！这样无情无义的事情，岂是英雄所为？诸葛亮的话如同在周瑜身上挖心挖肺，故作深沉、得意扬扬地对诸葛亮大演其戏的周瑜再也无法保持冷静了，他离座而起，将酒杯掷碎于地上，厉声骂道："曹操这老贼未免欺人太甚！"

诸葛亮用了一个小小的激将法，就将周瑜抗曹的本意给激了出来。诸葛亮见火候已足，便趁热打铁，把当前的局势仔细地分析了一遍，努力找出联合抗曹的理由与胜算，更加坚定周瑜的信心。

果然，周瑜在次日就于文武百官面前向孙权请战，并且果断地催促孙权说："只要主公授臣精兵数千攻打夏口，臣必能大破曹军。"

"激将法"中的"激"，有两种方式，一种是从道义与情感的角度去刺激对方，让对方觉得不是愿不愿意去干，甚至不是能不能干的问题，而是无论如何都必须去干，如果不干就不符合道义。对不住自己的良心。如诸葛亮用大乔、小乔来激周瑜。另一种是纯粹激起别人的好胜心。如我们在前面举的妻子对彻夜不归的丈夫的失望，并断定除非太阳从西边出来，丈夫才有改正的可能，结果丈夫出于好胜心理，居然就改了坏毛病的例子。这个方法在我们生活中经常遇到与运用。比如丈夫说："总有一天我会赚到100万的。"有的妻子当然会温柔地说："老公，我相信你。"但也有的妻子会说："哼，就你？做梦吧？"后者不一定是真的不相信，有时也是一种刻意的激将法。作为男人，也许都不会喜欢后者，但对于有些只知道说而懒得行动的男人来说，还真的只有后者才管用。

激将法在我国由来已久，传播也十分广泛。因此在运用时，最怕被人识破。"哈哈，你想激将我，我才懒得……"类似熟悉的话一出来，就意味着你的激将法宣告失败。如何让激将法显得隐蔽，这点非常重要。看看下面这个服装批发商是如何激将一个服装店老板上钩的。

服装店老板："老板　有什么时兴款式的牛仔裤没有？"

批发商："有啊，不过价格有点贵……"

服装店老板："贵是多少钱啊？"

批发商拿来样板："单价120元，对了，100条起发货，你那里吃得下那么多吗？"

服装店老板："100条？小意思！关键是看货的质量与款式。"

后来的过程就不再赘言了。在他们的对话中，批发商巧妙地运用了轻微的激将法，在原本单纯的生意里，植入了一些"有点贵""你那里吃得下那么多吗"的元素，给生意增加了一点意气的成分。整个过程进行得十分隐蔽，把后者的情绪给调动了起来。虽然生意不一定会因为这些小技巧而成功，但有一定的助力是可以肯定的。

冷热水效应：一种高明的操纵术

一杯温水，保持温度不变，另有一杯冷水，一杯热水。

先将手放进冷水中，再放到温水中，会感到温水热；若将手放在热水中，再放到温水中，会感到水凉。同一杯温水，会出现两种不同的感觉，这就是我们要说到的"冷热水效应"，又叫对比认知效应，如果会使用这种效应，就是会使用这种既常见又有效的心理谋略。

这种效应的出现，是因为人人心里都有一个参照物，只不过参照物并不一致，也不固定。随着心理的变化，参照物也在变化。人们对事物的感知，就是受这参照物的影响。

鲁迅先生曾经说过："如果有人提议在房子墙壁上开个窗口，势必会遭到众人的反对，窗口肯定开不成。可是如果提议把房顶扒掉，众人则会相应退让，同意开这个窗口。"

这就是一种典型的"冷热水效应"：当提议"把房顶扒掉"时，对方心中的"秤砣"就变小了，对于在"墙壁上开个窗口"这个劝说目标，就会顺利答应了。冷热水效应可以用来劝说他人，如果你想让对方接受"一盆温水"，为了不使他拒绝，不妨先让他试试"冷水"的滋味，再将"温水"端上，如此他就会欣然接受了。

甲、乙二人是一家大公司的谈判高手，这对黄金搭档一出马，几乎没有谈不成的业务，他们深得公司员工的尊重和信赖。原来，他们二人的法宝就是运用"冷热水效应"去说服对方。每次谈判，甲总是提出苛刻的要求，令对方惊慌失措，灰心丧气，一筹莫展，等到在心理上把对方压倒时，也就是对方感到"山重水复疑无路"时，乙就出场了，他提出了一个折中的方案，当然这个方案也就是他们谈判的目标方案。

面对这样的"柳暗花明又一村"，对方往往会很愉快地签订合同。在这种阵势面前，就算该方案中有一些不利于对方的条件，对方也会认为比起原来的方案要好得多，从而接受。

这种技巧，不仅在经商洽谈中可以发挥巨大作用，在平时生活中的大事小事上也能发挥很好的效果。

一次，当一架民航客机即将着陆时，机上乘客忽然被通知，由于机场拥挤，无法降落，预计到达时间要推迟1个小时。顿时，机舱里一片抱怨之声，乘客们在等待着这难熬的时间过去。只几分钟过后，乘务员就宣布，再过30分钟，飞机就可以安全降落，乘客们如释重负地松了口气。又过了5分钟，广播里说，现在飞机马上就要降落了。虽然晚了十几分钟，乘客们却喜出望外，纷纷拍手相庆。在这个事例中，机组人员无意之中运用了冷热水效应，首先使乘客心中的"秤砣"变小，当飞机降落后，对晚点这个事实，乘客们不但没有出现厌烦，反而感到异常兴奋了。

先让对方尝尝"冷水"的滋味，就会使他心中的"秤砣"得以缩小，他会对获得的"温水"感到高兴。在人际交往中，如果能够让对方在关键时刻或者在平常日子里高高兴兴，还有什么事办不成呢？

另外，在给人以帮助时，这种谋略同样适用。其道理也显而易见，当我们没有能力满足对方提出的要求时，不妨先端给他人一盆"冷水"，再端给他一盆"温水"，这样的话，你的这盆"温水"同样会获得他的一个良好评价，要比直接"由热到温"的效果明显得多。

第三章　要让人尊重，先尊重对方

　　被尊重，是每个人最基本的心理需求。没有尊重，就不存在有效的人际沟通。高情商人士都明白：欲让人尊重自己，先得自己尊重他人。

尊重是有效沟通的基础

与人沟通，首先要做到的就是尊重对方，使对方觉得受到了尊重，这一点对于能否愉快地交谈、有效地沟通起着至关重要的作用。用大白话说，就是要给对方留"颜面"。

在现实生活中，有部分人乐于直接指出别人的错误，采用一种践踏他人情感、刺伤别人自尊的方法，来满足自己的虚荣和自尊。

罗大军刚上班，电话铃就响了。罗大军拿起听筒，听到的是一个焦躁愤怒的声音，对方拒绝收货，原因是木材检验员报告那批白松不合格。

罗大军马上开车往对方工厂赶，路上他基本上猜到了问题所在。要是在以前，罗大军会决定到了那里，马上拿出《材积表》，翻开《木材等级规格国家标准》，引经据典地指责对方检验员的错误，斩钉截铁地断定所供应的木材是合格的。

这次，罗大军打算试试另一种方法，看能否既不伤客户的面子，又能妥善解决问题。

一进工厂，迎接他的就是供应科科长板着的面孔，木材检验员则满脸愠色，没有一个好脸色。

罗大军见到他们，笑了笑，根本不提木材质量问题，只是说："让我去看看吧。"

他们闷不出声地走到卸货卡车旁边。罗大军请检验员把不合格的木材一一挑选出来，摆在另一边。

罗大军看检验员挑选了一会儿，发现他的猜测没有错，检验员检验得太严格了，而且他把检验杂木的标准用于检验白松。

在当地，罗大军检验木材还算一把好手。但是，他没有对这位检验员进行任何指责，只是轻言细语地询问检验员木材不合格的理由。罗大军一点也没暗示他检验错了，只是反复强调是向他请教，希望今后送货时，能完全满足他们工厂的质量要求。

由于罗大军和颜悦色，以一种非常友好合作的态度虚心求教，检验员慢慢放松起来，双方剑拔弩张的气氛缓和了。随着沟通加深，检验员坦率承认自己检验白松的经验不多，并反过来问罗大军一些技术问题。

罗大军这时才谦虚地解释，运来的白松木材为什么全部都符合要求。罗大军一边解释，一边反复强调，只要检验员仍然认为不合格，他还是可以调换的。

最后，检验员自己指出，他们把木材等级搞错了，按合同要求，这批木材全部合格。

有些时候，批评他人并不一定非要直白地进行。我们完全可以委婉地、间接地达到自己的目的。如果你能够在保住他人自尊的情况下指出别人的错误，他人更容易接受你的意见。

善于倾听，拨开迷雾探内心

一位心理学家曾说过："人跟人在讲话时，表面上是你一句我一句，好像一个在说，一个在听，但真相是，你在讲时我却没有在听，只是在想下一句我该怎么说。"

可见，如果我们只把心思用到自己如何去表达上，那么我们就不懂得沟通的真谛。听，有时候比说更重要。善于倾听，才能准确地把握对方的意图，知道对方想要传达的信息和最终要达到的目的。这样我们就会更加了解对方，也因此懂得如何去迎合对方，从而消除沟通的障碍。

很多时候，一提起沟通，我们的第一反应就是说什么或者如何说服对方，其实沟通的基础是听。只有听清、听懂对方所讲的话，才能真正理解对方的意思，只有充分理解了对方，才能获得对方的理解。有一句俗话叫"理解万岁"，那什么才是真正的"理解"？普遍意义上的理解是指主体对对象的客观理解，但更进一步说，应该将理解视为主体与对象双向互动的交流。这就意味着理解不再是一种主体针对对象单方面的投射，而是一种广泛意义上的对话。而成功对话的前提就是相互倾听。倾听本身含有某种归属感，也就是归属于所听到的东西；而对所听到的东西的理解，已经包含着某种意义上的赞同。

被誉为当今世界上最伟大的推销员的乔·吉拉德在回忆往事时，提到了他在一次推销中遇到的事。当时，他与客户谈得十分顺利，看形势马上就能签约了，可就在这时，对方却突然改了主意——就这样，煮熟的鸭子飞了。

当天晚上，按照客户留下的地址，乔·吉拉德找上门去请教客户改主意的原因。客户见他很诚恳，就如实相告："你的失败是由于你没有自始至终地认真听我讲话。就在我准备签约的时候，我提到了我的儿子就要上大学了，而且还提到他喜爱运动以及他的理想。我是以他为荣的，但是你当时却没有做出任何反应，而且还在用手机和别人通电话，这就是我改变主意的原因。"

这番话提醒了乔·吉拉德，使他领悟到倾听的重要性，同时也使他认识到，如果不能自始至终地倾听对方讲话的内容，认同对方的感受，那么就会失去沟通的意义。

因此，会说不如会听。因为会说话的人给人以聪明的印象，而善于倾听的人虽然不像会说话的人那么引人注意，却给人以亲切的感觉，因此更具吸引力。人类的心理很奇妙，喜欢当聪明人，却不喜欢与聪明人打交道，他们更愿意接近那些亲切又总是给人以关怀的人。

倾听的重要性不止于此。医生要倾听患者的陈述，以了解病情对症下药；企业主管要倾听部属的报告，以拟订对策解决问题。人人都要学会倾听，以便与别人沟通。

曾有人断言："不为任何赞美所迷惑的人，也会被专心听他说话的人迷惑。"最能给他人满足感的，往往就是专心地倾听他的讲话，而不是滔滔不绝地向对方灌输你的高见。著名心理学家弗洛伊德说过："人们都想谈论自己的事情，希望别人来倾听他们。这样做，不仅能够让自己得到宽慰，甚至有时能够救自己一命。"由此，弗洛伊德创立了"即刻治疗法"，倾听患者讲述内心的各种感受和经历，自由地表达自己的思想，因此他也开启了心理学的新时代。

倾听对方的谈话能够使对方感到满足，他们的反应也是十分愉悦积极的，此时你所进行的说服往往容易取得成功。美国保险事业的鼻祖宾·菲尔德曼便是运用倾听的技巧来获得成功的。一般的保险业务员的年业绩为100万美元，而菲尔德曼的年业绩高达6500万美元，是普通业务员的65倍！关于自己的成功之道，他这样说："我只是对顾客的问题感兴趣，作为他们的听者，我是世界第一，我不惜用全部的身心去倾听他们的讲话。"可见倾听在社交中的巨大魅力。做一个好的听者是你提高说服力、取得社交成功的一个重要途径。

许多成功的企业家，他们都拥有出色的讨价还价的能力，他们的诀窍就是鼓励别人多说，同时设法闭住自己的嘴。弗洛伊德说过，如果你能使别人谈得足够多，他就无法掩饰其真实的情感或真正的动机。如果你十分注意地听，并对对方说的一切话中所隐含的意思保持警觉的话，你就能把握住对方的秘密。同样，如果你不想让别人知道自己的真实思想，如果你不想"显示出你的优势"，那么最好守口如瓶。

生活中，对于一些细微之处的专注与倾听很重要。很多婚姻之所以会破裂，并非因为在一些重大事件上产生了分歧，相反，大多数家庭往往是由于一些小事而分崩离析的。这些小事不仅反映了夫妻间缺乏信任与理解，还反映了人与人相处要讲究的最基本的尊重。

你不仅要做到专心聆听，还要让对方感受到你的这种专注，这样效果才能更好。那么，该怎么表现出你的认真呢？倾听时，你要善于在倾听过程中传达出"我正在努力倾听，我对你的话很感兴趣，把你想说的都说出来吧"之类的态度，并用表情、肢体动作、语言反馈给对方。要注意以下五个方面：

一是饱满的精神。听者饱满的精神往往能激发谈话者表达的欲望，活跃交流气氛。而当你面对一位自始至终拉长着脸、面露苦相的仁兄时，所有的表达欲都将荡然无存。

二是专注的精神。集中注意力、目视对方，表示尊重和兴趣十足方是正道。而搔首弄姿、眼光游离则表明你三心二意或是不屑一顾。

三是端正的姿态。身体后仰，显得轻慢；侧转颈脖，显得傲气；不停地扭动，表示不耐烦；背朝对方，意味不屑理睬；手托下巴，表明认真倾听；微欠上身，说明谦恭有礼；适当点头，则表明尊重。但也不能频频颔首或不停地"嗯""啊"，否则对方会因感觉增加了你的负担而不安起来，可能就不愿意再继续说下去而草草结束话题。

四是适当地反馈。听者的表情、眼神、动作、姿态应随对方讲话的喜怒哀乐而做出相应的变化，明确向对方表示"我正在认真地倾听你的讲话"。赞成时你就点点头，感觉有趣时就报以微笑，感觉滑稽时就开怀大笑……如果你无动于衷、面无表情，谁还有谈兴呢？

五是恰当地插话。当对方欲言又止时，你应通过适当的插话，鼓励对方继续下去。如"谈谈这件事好吗""我很想听听你的意见"，这样的插话向对方表明你非常乐意听他的话，你对他的话题很感兴趣。

示弱效应：让他人帮助你

美国哲学家杜威曾经说过："人们最迫切的愿望，就是希望自己能受到重视。"而向人示弱正是一种让对方觉得自己受重视的表达方式。它更是一种策略，一种智慧。它具有疏通人际关系的积极效果，有时还能发挥变被动为主动的作用。

在一辆拥挤的公交车上，一个彪形大汉因为有人踩了他的脚而怒气冲天，他站起身，晃动着拳头，正要砸向那个踩他脚的人。那人突然来了一句："别打我的头啊，我刚动了手术出院。"大汉听了这话，顿时如断了电的机器人一样，高举的手定格在半空中，然后如泄气的皮球般倒在自己的座位上。过了一会儿，大汉居然起身，要把自己的位子让给那个踩了他的脚的人。

这一幕极具戏剧性的场景，是笔者亲眼所见。这令人想到了人与人之间的许多纠纷，不光只是靠讲道理或比实力来解决的。有时候，主动扯下脸面示弱也是一种极其有效的化解方式。人都有一种争面子当强者的心态，而要当强者至少有两条途径：与人角力斗争获胜，可以满足自己的强者心态；而对于弱者的迁就与照顾，实际上也满足自己爱面子的强者心态。

人人都喜欢当强者，但强中更有强中手。一味地好强，自有强人来磨你，还不如在适当的时候示弱效果好。在强者面前示弱，可以消除他的敌对心理。谁愿意和一个明显不如自己的人计较呢？当"强"与"弱"出现明显的差距时，自认为的强者若与弱者纠缠，实在是把自己的身份与地位降低。就像一个散打高手，根本就不屑于和一个文弱书生动手——除非在忍无可忍的情况之下。再举一个例子，如果一个不懂事的小孩骂了你，你会和他对骂吗？肯定不会，除非你也是一个小孩，或者你自愿成为一个只有小孩心胸的成年人。

除了在强者面前要学会示弱外，在弱者面前我们也应该学会示弱。在弱者面前示弱，可以令弱者保持心理平衡，减少对方或多或少的嫉妒心理，拉近彼此的距离。在弱者面前如何示弱呢？

　　例如，地位高的人在地位低的人面前不妨展示自己的奋斗过程，表明自己其实也是个平凡的人；成功者在别人面前多说自己失败的记录、现实的烦恼，给人以"成功不易""成功者并非万事大吉"的感觉；对眼下经济状况不如自己的人，可以适当诉说自己的苦衷，让对方感到"家家有本难念的经"；在某些专业上有一技之长的人，最好宣布自己对其他领域一窍不通，袒露自己日常生活中如何闹过笑话、受过窘等；至于那些完全因客观条件或偶然机遇侥幸获得名利的人，完全可以直言不讳地承认自己是"瞎猫碰上死耗子"。

　　曾有一位记者去采访一位政治家，原本打算收集一些有关他的丑闻资料，做一个负面的新闻报道。他们约在一间休息室里见面。在采访中，服务员刚将咖啡端上桌来，这位政治家就端起咖啡喝了一口，然后大声嚷道："哦！该死，好烫！"咖啡杯随之滚落在地。等服务员收拾好后，政治家又把香烟倒着放入嘴中，准备从过滤嘴处点火。这时记者赶忙提醒："先生，你将香烟拿倒了。"政治家听到这话之后，慌忙将香烟拿正，不料却将烟灰缸碰翻在地。政治家的整个做派，就像一个糊涂至极的老人，平时趾高气扬的政治家出了一连串洋相，使记者大感意外，不知不觉中，原来的那种挑战情绪消失了，甚至还对对方怀有一种亲近感。

　　其实，整个出洋相的过程，都是政治家一手安排的。政治家都是深谙人性弱点的高手，他们知道如何消除一个人的敌意。当人们发现强大的假想敌也不过如此，同样有许多常人拥有的弱点时，对抗心理会不知不觉地消弭，取而代之的是同情心理。人皆有恻隐之心，一旦同情某一个人，大多数人是不愿去打击他的。

得理要让人，穷寇勿死追

不知你有没有发现：人们对待自己的过错，往往不如对待别人的那样苛刻。原因当然是多方面的，其中主要原因可能是我们对自己犯错误的来龙去脉了解得很清楚，因此对于自己的过错也就比较容易原谅；而对于别人的过错，因为很难了解事情的方方面面，所以比较难找到原谅的理由。

大多数人在评判自己和他人时，不自觉地用了两套标准。例如：如果我们发现了旁人说谎，我们的谴责会是何等严酷，可是哪一个人能说他自己从没说过一次谎？也许还不止一百次一千次呢！

或许是生活中有太多需要忍耐的不如意：被老板骂了，被妻子怨了，被儿子气了……这些都似乎需要无条件忍耐。有的人忍一忍，气就消了；有的人忍耐久了，心中的不平之气就如堤内的水位一样节节攀升。对于后者来说，一旦逮到一个合理的宣泄口子，心中的怒气极易如洪水决堤般汹涌而出，还美其名曰："理直气壮。"

做人要学会给他人留下台阶，这也是为自己留下一条后路。每个人的智慧、经验、价值观、生活背景都不相同，因此在与人相处时，相互间的冲突和争斗在所难免——不管是利益上的争斗还是非利益上的争斗。

大部分人一陷身于争斗的旋涡，便不由自主地焦躁起来，一方面为了面子，另一方面为了利益，因此一旦自己得了"理"便不饶人，非逼得对方鸣金收兵或竖白旗投降不可。然而"得理不饶人"虽然让你吹着胜利的号角，但这也是下次争斗的前奏，因为这对"战败"的一方而言也是一种面子和利益之争，他当然要伺机"讨要"回来。

最容易步入"得理不让人"误区的，是在能力、财力、势力上都明显优于对方时，也就是说你完全有本事干净利落地收拾对方。这时，你更应该偃旗息鼓、适可而止。因为，以强欺弱，并不是光彩的行为，即使你把对方赶尽杀绝了，在别人眼中你也不是个胜利者，而是一个无情无义之徒。

《菜根谭》中说："锄奸杜幸，要放他一条去路。若使之一无所容，譬如塞鼠穴者，一切去路都塞尽，则一切好物俱咬破矣。"所谓"狗急跳墙"，将对方紧追迫不舍的结果，必然招致对方不顾一切的反击，最终吃亏的还是自己，这也算是一种让步的智慧吧。

有一位哲人说过这么一句引人深思的话："航行中有一条公认的规则，操纵灵敏的船应该给不太灵敏的船让道。我认为，人与人之间的冲突与碰撞也应遵循这一规则。"

给人留台阶，给己留面子

春秋时郑国国君郑庄公，有个一母所生的弟弟共叔段。因为他的母亲武姜非常喜欢共叔段，想让共叔段当国君，就支持共叔段反叛，结果被郑庄公灭了，武姜被发配到边远地带。

武姜临行前，郑庄公发誓说："不及黄泉，未相见也。"不到黄泉路，不跟她见面，意思是到死都不想见母亲了。

因为这件事，百姓背后议论纷纷，郑庄公背上了"不孝"的名声。

后来，郑庄公后悔自己做得太绝了，但是"金口玉言"，说过的话，也不好反悔，所以有点进退两难。

这时，有个叫颍考叔的人，出了个主意：在地上挖个大坑，一直挖到出水，就是见到了"泉水"，这样就相当于见了"黄泉"。然后放个梯子，武姜和郑庄公顺梯子下去，在大坑里见面，就等于誓言实现。

郑庄公依计照办，母子相见，抱头大哭。郑庄公把母亲接回王宫奉养，百姓交口称赞。

这个故事有的版本说是修建了台阶下去的，所以后人把帮人保面子打破尴尬局面的事情称为"下台阶"。

当然，给人台阶下，除了需要宽大的胸怀，还需要智慧。

19世纪，英国有位军官一再请求首相狄斯雷利加封他为男爵。可此人有些条件不能达标。

狄斯雷利无法满足他的请求，可他并没有直接说"不行，你不达标"来回绝而是用温婉的语气说："亲爱的朋友，很抱歉我不能给你男爵的封号，但我可以给你一件更好的东西。我会告诉所有的人，我曾多次请你接受男爵的封号，但都被你拒绝了。"

消息传出后，大家都称赞军官谦虚，淡泊名利，对他的礼遇和尊敬远远超过了任何一位男爵。

后来，这位军官成了狄斯雷利最忠实的伙伴和军事后盾。

可见，给尴尬者以"台阶"下，尊重其人格，给予宽容和体谅，使对方感受到你的诚挚与温暖，谁还会以怨报德而一错再错呢？

给人以台阶，是件心态与智慧并举的事情。具体来说，应做好以下几点：

第一，如果是对方或是身边人失误，而造成不好下台的局面，那么"指鹿为马"是巧妙化解矛盾的方法。

第二，如果是自己失误而造成不好下台，聪明的办法是多些调侃，少些掩饰；多些低姿态，少些趾高气扬；多些自嘲，少些自以为是。

第三，善用假设，巧避锋芒。比如，一件事情，双方都认为自己的观点正确。争执不下，你可以说一句"如果你说得正确，那我肯定错了"。相信对方也就不会再争辩了。有一次，一个男生和班主任老师争论起来，焦点是男生能不能到女生宿舍串门。班主任老师一口咬定绝对不能，学生认为可以适当串门，可是两人谁也没能说服谁。男生看到不能说服老师，又见老师似有怒意，只好结束话题："如果老师您说得正确，那我肯定错了。"班主任老师听了，沉默一会儿便不再争执了。这个假设句本来是一句废话，既没有肯定老师的观点，也没有否定自己的观点，然而却让老师偃旗息鼓。为什么呢？因为这个学生用的是假设句，他表达了放弃，老师当然会适可而止。由此可见，争执不下的时候，不妨多用假设句来表达，这也是一种互给台阶下的方式。

第四，善于利用对方的虚荣心。有一次，解缙陪朱元璋钓鱼，整整一天一无所获。朱元璋十分懊丧，命解缙写诗记下这一天的情况。这诗可怎么写呢？解缙不愧为才子，稍加思索，便信口念道："数尺纶丝入水中，金钩抛去永无踪。凡鱼不敢朝天子，万岁君王只钓龙。"朱元璋听完，龙颜大悦。

第五，承认自己的错误。在人际交往中，出现矛盾很正常，伤害了别人的人，多些自我反省，勇敢承认自己的错误，向受害人诚恳道歉，便不难化解矛盾。

你伤害过谁也许早已忘记，但是，被你伤害的人却永远不会忘记你。其实，给别人留个台阶，不伤别人的面子，也是给自己留面子。

打人莫打脸，揭人莫揭短

金无足赤，人无完人。人皆有其长处，亦必有其短处。对待他人的短处，不同的人则有不同的方法。有的人在与他人的谈话中，尽量多谈及对方的长处，极力避免谈及对方的短处；也有的人专好无事生非，兴风作浪，有声有色地杜撰别人的短处，逢人便夸大其词地谈论别人的短处；有的人虽无专说别人短处的嗜好，但平时却对此不加注意，偶尔也不小心谈到别人的短处。

每一个人都有自身无法消除的弱点，就像个子矮是天生的一样。如果我们老是把眼光盯在别人的弱点上，总是将别人的弱点当成攻击的对象，那么只会出现两种情况：一是别人不愿意再与你交往。如此一来，你的朋友会越来越少，别人都躲着你，避开你，不与你计较，直到剩下你自己孤家寡人一个。二是别人也对你进行反攻，揭露你的短处。这样势必造成互相揭短、互相嘲笑的局面，进而发展到互相仇视。如此结局，相信没有人愿意"享受"。

在我国，民间相传有所谓"逆鳞"之说。据说在龙的喉部之下，大约直径一尺的部位上长有"逆鳞"。这是龙身上最痛的地方，如果有谁不小心触摸到这一部位，必定会为激怒的龙所杀。

事实上，无论多么高尚伟大的人，身上都有"逆鳞"存在，这就是每个人身上最不愿意被提及的痛处。一旦这个痛处被击中，必定会引起他们的剧痛与反击。所以，有一句俗语说：打人莫打脸，揭人莫揭短。打人不打脸，骂人不揭短。没有一个人愿意让别人攻击自己的短处。若不分青红皂白，一味说对方的短处，其结果往往是引发唇枪舌剑，两败俱伤。

有位文化界人士，每年都会受邀参加某单位的杂志评鉴工作，这工作虽然报酬不多，却是一项荣誉，很多人想参加却找不到门路，也有人只参加一两次，就再也没有机会了。问他为何年年有此"殊荣"　他在退休后才终于公开秘诀。

他说，他的专业眼光并不是关键，他的职位也不是重点，他之所以能年年被邀请，是因为他很会给"面子"。他说，他在公开的评审会议上一定把握一个原则：多称赞、鼓励而少批评，但会议结束之后，他会找来杂志的编辑人员，私底下告诉他们编辑上的缺点。因此，虽然杂志有先后名次，但每个人都保住了面子。正就因为他顾虑到了别人的面子，因此承办该项业务的人员和各杂志的编辑人员都很尊敬他、喜欢他，当然也就每年找他当评审了。

在社会上行走，"面子"是一件很重要的事，为了"面子"，小则翻脸，大则会闹出人命。如果你是个只顾自己面子，却不顾别人面子的人，那么你必定会为此付出沉重的代价。

当我们与人相处时，如果知道对方的短处与痛点，切注意不要有意或无意伤害他们。不张扬或挖苦他人的短处，不仅体现了你的品质和修养，还会使这些人对你敬重有加，从而更愿意向你倾吐生活中遇到的烦恼和困惑。

在我们与人相处时，即使知道对方的这些短处，也应当尊重他们，不能有意或无意地伤害他们。

兼听则明，偏信则暗

唐太宗问宰相魏徵："我作为一国之君，怎样才能明辨是非，不受蒙蔽呢？"魏徵回答说："作为国君，只听一面之词就会糊里糊涂，常常会做出错误的判断。只有广泛听取意见，采纳正确的主张，您才能不受欺骗，下边的情况您也就了解得一清二楚了。"

从此，唐太宗很注意听取下面的谏言，鼓励大臣直言进谏。魏徵去世后，唐太宗悲痛地说："用铜做镜子，可以看出衣帽穿着是否整齐；用历史做镜子，可以明白各个朝代为什么兴起和没落；用人做镜子，可以清楚自己与别人的差距和得失。今天魏徵不在了，我真是失掉了一面好镜子啊！"

成语"兼听则明，偏信则暗"就是从魏徵劝唐太宗的话演变而来。唐太宗为了稳固他的统治，他告诫大臣："君有违失，臣须直言。"正是在唐太宗的倡导下，魏徵才能做到犯颜直谏，也才能出现唐初那种君臣同舟共济，兼听纳谏，广开言路的政治局面。

可以说，鼓励进谏、广开言路是所有贤明的领导者的一致做法，千年之后，中国虽已改朝换代，但那些开明君主的许多言行均已成为美谈，并被后世相继效仿。今天，在竞争日益激烈的现代社会，如何让自己脱颖而出，获取更大的成功，能力固然十分重要，但是光凭一己之力是很难有所作为的，还得集思广益，听取不同的人的意见，这样才能正确地做出判断。

倾听是我们接受信息的主要途径，可以帮助我们获取有效信息，了解事实。但是每个人的思想不一样，对同一件事物的看法也不一样，人们在抒发自己见解时往往带有主观情感。所以，如果我们完全相信某个人的话语，则很可能影响自己的判断，做出错误的决定。

对于企业的领导者来说，更应该兼听。领导虽然自己手中掌握着决策大权，然而一到关键时刻，要做出重大决定之时，往往有苦难言。举目四望，周围的人大多面带微笑，齐声称好，没有人说一个"不"字；而一旦出了问题，众人皆做鸟兽散状。因此，领导者做决定时，往往手中有权，心中无底。这时，他们就需要有见识的下属提出反面意见，陈说利弊。

领导者要鼓励下属说真话，提意见，给他们畅所欲言的机会，这样，自己才能吸纳各方面的观点，兼顾各方，做决策时就能使决策全面而又切实可行。

奇异公司是一个非常成功的企业，公司领导善于倾听并采纳员工提出的建议和意见。因此，员工勇于向能解决问题的人说出心中的话，与主管面对面地沟通。一次会议中，有一位工人说他在奇异公司工作20多年了，他很爱这个公司，也受到公司的多方肯定，但是他看到工厂中有一件蠢事，不得不提。

他的工作是操作工厂中一部高价值的机器，必须戴手套操作才行，在操作中手套很容易就损坏，须经常更换，而依工厂的规定，要申请一副手套，他必须请别人代班照顾机器，若没人可代班就必须停机，然后走到另一幢大楼，去仓库填表，找主管核定后，再送回仓库，才可以领到一副新手套。依他的经验，这个过程平均每次要花一个小时。

这位员工说："不知为何工厂要这么规定？"

总经理听了他的问题深有同感，于是反问其他部门的主管："为什么会有这个规定？"

现场沉默了一段时间，才有人小声地回答说："我们曾经在1979年遗失过一箱手套。"

总经理听了之后立即下令："将手套箱放置在靠近使用者的楼层中。"

在企业中，能解决日常工作上的问题的人，绝不是只有经理，有时反而是那些实际从事工作的人可以提出好的改革意见。每一位员工的意见都有其价值，关键在于主管能否倾听他们的意见，并听出价值来。

智者千虑，必有一失；愚者千虑，必有一得。再精明强干的老板，也难免有失误的时候。如何广泛听取各方意见、集思广益，从中得出正确的结论，获取有益的信息，是一个现代管理者必须具备的修养。

我国著名作家刘心武说过，"一个人知道自己的短处比知道自己的长处更为要紧"。无论在工作上，还是在生活中，我们在考虑问题、做决策时，一方面要努力做到不偏听、偏信一方的言辞结论，另一方面要学会主动、积极地沟通。

那么，我们怎样才能做到兼听则明呢？

首先，要不全信一家之言。单从一个角度看问题是不会了解全面的。所以我们要养成多听的习惯，多听以后要多思考，方可以对人或事做出正确的判断和评价。

其次，了解说话人与谈论对象的关系。如果两个人之间有矛盾，那么一个人在谈及另一人时难免会有不满之言，如果你不清楚他们之间的过节。肯定会对谈论的对象产生偏见。

第四章　委婉，一种乐此不疲的智力游戏

　　有些明明一张口就能说清楚的事情和道理，我们却喜欢旁敲侧击、左右迂回。厚因无非是：要么是顾及他人面子，要么不想去碰钉子。必要的时候，高情商人士能在委婉含蓄、曲折迂回的沟通中，巧妙而准确地传达信息。

委婉沟通，说得从容得体

有位老人带着儿子在镇上卖夜壶。老人在南街卖，儿子在北街卖。不多久，儿子的地摊前有了看货的人，那个人看了一会儿，说道："这夜壶大了些。"那儿子马上接过话茬："大才好哇！装的尿多。"那人听了，觉得很不顺耳，便扭头离去。

那个人走到南街，看到了老人的摊子，自言自语地说："怎么都太大了点。"老人听了，笑了一下，轻声地接了一句："大是大了些，可您想想，冬天，夜长啊！"

一句意味深长的话，说得那人会意地点了点头，继而掏钱买货。

父子俩在一个镇上做同一桩生意，结果迥异，原因就在会不会说话上。我们不能说当儿子的话说得不对，他是实话实说。但不可否认，他的情商不够高，说话欠水平。而老人则算得上是一个高情商生意人。他先认可了顾客的话，然后又以委婉的话语说"冬天，夜长啊"，这句看似离题的话说得实在是好，无一丝一毫推销之嫌，其推销的潜台词又不言而喻。这种设身处地的善意提醒，顾客不难明白。卖者说得在理，顾客买下来也就是很自然的了。

高情商沟通高手并非指那些说起话来锋芒毕露、刀刀见血的人。真正的高情商沟通高手说话张弛有度，进退适宜，或直指对方，咄咄逼人，达到震慑对方的目的；或委婉曲折，循序渐进，达到使对方心领神会的目的。

在文学作品中，孙犁笔下那几位青年妇女无疑是做到这一点的典范。孙犁在小说《荷花淀》中描写几位妇女：

女人们到底有些藕断丝连。过了两天，四个青年妇女聚在水生家里来，大家商量。

"听说他们还在这里没走。我不拖尾巴，可是忘下了一件衣裳。"

"我有句要紧的话得和他说。"

"我本来不想去，可是俺婆婆非叫我再去看看他——有什么看头啊！"

这几位青年妇女的丈夫都参军走了，无疑，她们的共同心理就是很想念自己的丈夫，都很想去驻地探望一下。但是，由于害羞，不好当着众人直接说出来，就各自找一个很好的托词来表达本意，她们觉得到驻地去的理由是十分充分的，非去不可。这就含蓄地表达出自己的意愿，旁人听起来也觉得有理。相形之下，直接说自己很思念丈夫，想去驻地探望一下就太露骨了，又可能引起其他比较进步的姐妹的不满。孙犁笔下的这几位普通的青年妇女不自觉地运用了交涉中的一种很好的艺术：委婉含蓄，使对方自悟其意。

生活中，我们有时会听到这样评价一个人："他说话能噎死人！"这就说明说话太直接了容易使人一时难以接受，事倍功半。甚至有时我们的本意虽然是好的，但是由于说得太突然、太直接了，而难以达到目的，误人误己。其实，咱们中国人对这方面还是挺注意的，比如说在我国传统的修辞方法中，就有一种"婉约"手法。求人办事说得委婉一点、含蓄一点，使对方自己领悟到那层意思，可以给双方更多的考虑空间，也容易让人接受。

杨洪是三国时期的蜀郡太守。他的门下书佐何祗出仕时间短，却升职很快，居然当上了广汉太守。每次朝会，杨洪都要和同为太守的昔日部下何祗平起平坐。杨洪心里有点不平衡，在一次朝会空闲时，他语带嘲谑地问何祗："你的马怎么跑得这样快？"

很明显，说的是马快，实则是指升职的速度快。

这个问题，暗藏锋芒，不好回答。老老实实地回答为什么自己的马快（马的品种好？驾车的人技术好？），都没什么意思，也有答非所问之嫌。那么直接把问题说开，解释自己快速升职的理由？也不好，有自以为是、自我吹嘘的嫌疑。当然，对于这类问题，完全可以糊涂视之，打个哈哈就过去了。

但何祗不同。他笑呵呵地回答："不是小人的马跑得快，实在是因为大人您没有给快马加鞭啊。"

抛开杨洪的阴暗心理不说，他的提问的确够水平。而何祗的回答更为高明，委婉地解释了自己升职快的原因是勤勉，而对方升职慢的原因是不够努力。两人的对话都很委婉，不明就里的人还真不知道话里有话。他们在委婉中完成了一场小小的交锋，却又照顾了彼此的身份与面子。

做人固然要正直、直率，但并不意味着说话都要直言，因为直来直去的话最容易伤人，使人反感厌恶。例如，当妻子买了一块布料征求丈夫的意见时，丈夫觉得妻子用这块布料做成衣服穿不太合适，如果丈夫不尊重、体贴妻子的心情，直接地批评说："你看你的审美观真成问题，一把年纪了还穿这么鲜艳的衣服，岂不成老妖婆了？"贬损的话必定会伤害妻子的自尊心。如果丈夫换一种方式来表达："不错，颜色真鲜艳，女儿的同学穿的就是这种料子，真的很漂亮。"这意见说得委婉得体，不但把反对的意见传递出去了，还更容易被妻子接受。

总之，委婉说话不仅是一种策略，也是一门艺术。含蓄委婉地说话，正是高情商的表现之一。作为一个现代人，应当努力掌握这一有利于人际沟通的方式。

巧妙暗示，让天下无难事

暗示是一种隐蔽的、含蓄的提示，是一种巧妙的说话方式。运用暗示的说话方式，可以将一些不便明说的意思表达出来。

美国经济大萧条时期，找到一份工作是很困难的。有位小女孩幸运地在一家高级珠宝店找到了一份销售珠宝的工作。一天，珠宝店里来了一位衣衫褴褛的青年人，青年满脸悲愁，双眼紧盯着柜台里的那些宝石首饰。

这时，电话铃响了，女孩去接电话，一不小心，碰翻了一个碟子，有六枚宝石戒指落到地上。她慌忙拾起其中五枚，但第六枚怎么也找不到。此时，她看到那位青年正惶恐地向门口走去。顿时，她意识到那第六枚戒指在哪儿了。当那位青年走到门口时，女孩叫住他，说："对不起，先生！"

那位青年转过身来，问道："什么事？"

女孩看着他抽搐的脸，一声不吭。

那位青年又补问了一句："什么事？"

女孩这才神色黯然地说："先生，这是我的第一份工作，现在找工作很难，是不是？"那位青年很紧张地看了女孩一眼，抽搐的脸才浮出一丝笑意，回答说："是的，的确如此。"

女孩说："如果把我换成你，你在这里会干得很不错。"

终于，那位青年退了回来，把手伸给她，说："我可以祝福你吗？"

女孩也立即伸出手来，两只手握在了一起。女孩仍以十分柔和的声音说："也祝你好运！"

青年转身离去了。女孩走向柜台，把手中握着的第六枚戒指放回了原处。

本来，这是一起盗窃案。在通常情况下，大多数人可能会大叫抓偷窃者或者报警。但是，这位女孩却巧妙地运用了暗示，既没惊慌也没声张，却使小偷归还了偷窃物，那小偷也没有当众出丑，体面地改正了自己的错误。假如那女孩大喊大叫，说不定小偷会在情急之下飞快地跑了，或偷偷将戒指扔到某个难以寻找的角落。

暗示的显著特点是"言此而意彼"，能够诱导对方领会你的话，去寻找那言外之意。从心理学的角度来看，委婉暗示的话，不论是提出自己的看法还是劝说对方，都能维护对方的自尊，使对方容易赞同，接受自己的说法，进而也就达到了沟通的目的。

第四章　委婉，一种乐此不疲的智力游戏

生活中有很多尴尬的事情发生，如果直截了当，可能会让大家陷入难堪的境地。此时，不妨巧妙地旁敲侧击，用暗示的方式来提醒对方。

春秋时，有一次晋文公率军进攻卫国，行军途中，看到有一个人在路边仰面大笑。此人叫公子锄，他想阻止晋文公进攻卫国。晋文公问："你因何发笑？"

公子锄说："有个人送他的妻子回娘家，在半路碰到一个很漂亮的采桑女，就嬉皮笑脸地和人家搭话。等他回头一看，却见另一个男人正在向他的妻子频频招手致意。"

晋文公听后，猛然明白了公子锄的意思，立即下令火速回师，还没到家，就发现竟然有人在攻打晋国的北部边疆。

这么高明的暗示，大约只有高手才想得出，也只有高手才能会意。

暗示最怕碰上榆木脑袋，你再怎么点拨都不开窍。在《梁山伯与祝英台》中，祝英台不停地暗示，可憨厚的梁兄就是不开窍，怎么点也点不醒点不透，让看的人都急死了。但观众急没有用，祝英台急也白搭。最后，悲剧不可避免地出现了。好在那是戏剧，人物与情节的安排要符合剧情的需要，生活中这样榆木的人不多见，要是你有幸碰上了，还是不暗示的好。

多兜个圈子，少碰些钉子

"左三圈右三圈，脖子扭扭屁股扭扭……"兜这种圈

子有益健康。说话兜圈子，左三圈右三圈，天南海北古今中外……会有什么益处呢？

某天，一位年轻媳妇看到小姑子穿了件新的羊毛衫，猜想是婆婆给买的，便故意高声地对小姑子说："哇，从哪儿买来的羊毛衫，真漂亮！"婆婆便在一旁答话道："从街口那家商场买的，刚进的货。我先买了一件，让她穿上试试，要是看中了，明儿再买一件。"

年轻媳妇其实也想要一件，但又不好意思说出口，于是转向小姑子去夸羊毛衫，"王顾左右而言他"。聪明的婆婆也听出了弦外之音，便答应也给她买一件，于是，年轻媳妇达到了她的目的。

有位年轻人早早回家做了一锅红枣饭。妻子下班回来，端起碗，高兴地问道："这枣真甜啊，哪来的？"丈夫说乡下姑妈捎来的。妻子不无感慨地说："姑妈想得可真周到啊，年年捎枣来！"丈夫说："那还用说，我从小失去父母，就是姑妈把我抚养大的嘛！"妻子说："她老人家这一生也真够辛苦的。"稍停，丈夫忽然叹了口气，说："听捎枣的人说，姑妈的老胃病又犯了，她一个人在乡下真够难的……""那就接来呗，到医院好好治治。"不等丈夫把话说完，妻子说出了丈夫想说还未说出的话。年轻人想接姑妈来城里治病，但不直说，而是通过吃枣饭、忆旧情、左三圈、右三圈地兜来兜去造成一种适宜的氛围，然后再说姑妈生病，而让妻子接过话题，说出接姑妈来的话。这样言来语去，自然圆满，比直说高明多了。

在我们日常生活和工作中，有时候，我们还真的需要在说话时"兜兜圈儿"。那么，在什么样的情况下，我们需要在说话时兜圈呢？

第一种情况是，为了顾及情面，有些话不方便直说出来，这时需要兜圈了。比如婆媳之间、恋人之间、两亲家之间等，都是后天建立起来的情感之塔，基础欠牢固，交往中双方都比较谨慎、敏感，言语中稍有差错，都会带来不快或产生误解，造成矛盾。

第二种情况是，为让对方更易接受，这时可以运用"兜圈子"的说话方法。有些话直接挑明了估计对方一时难以接受，一旦对方明确表示不同意，再要改变其态度就困难多了。在这种情况下，为了强谐事理，说服对方，就可以把基本观点、结论性的话先藏在一边。而从有关的事物、道理、情感开始兜起圈子。待到事理通畅、明白，再稍加点拨，更能化难为易，达到说服对方的目的。前面举的那位年轻人的例子就是针对这种情况而兜圈子的。如果他直言要接姑妈来城里治病，妻子不一定同意。而通过吃枣饭、谈红枣、忆旧情，事理人情双关，形成了把姑妈接来的充分理由，水到渠成，所以不用自己讲，妻子就把他的心里话说出来了。

兜啊兜，绕啊绕，避实就虚，多路进攻，旁敲侧击，曲径通幽。在沟通的过程中，去寻找沟通的最大公约数，或是争取更多的时间以利沟通的进行。这种兜来绕去的方式，总能把不好听的说得中听一点，把不雅观的话说得好看一点，把不能让人接受的话说得能让人接受，最终是图个听的人舒服，说的人顺心。

口里没说"不"，实际已拒绝

身为社会人，我们要遵循的做人原则之一是乐于助人。但并不是每个人都有时间、能力、精力，总是去乐于助人的。想做个有求必应的好好先生并不容易，人们的要求永无止境，往往是合理的、悖理的并存，如果当面你不好意思说"不"，轻易承诺了自己无法履行的职责，将会带给自己更大的困扰和增加沟通上的困难度。更何况，在你的责任范围里，还有帮助家人，成就自己的任务。

喜剧大师卓别林曾说："学会说'不'吧！那你的生活将会美好得多。"是的，说"不"的确能替自己省很多事。但这个"不"不是就一个字那么简单。对别人的请求，简单的一个"不"字，不给别人面子，也很容易给自己贴上不近人情、冷酷的标签。

"不"的意思一定是要表达出去，因为我们不能一辈子就做别人手里的牵线木偶。我们需要自己的时间与空间来发展自己。那么，如何巧妙一些，既表达了"不"的意思，又不至于让人际关系陷入冷漠？

我们在此提倡婉转拒绝，既拒绝了别人，又不至于让彼此难堪。其大致常用的方法有四种。

其一为条件应承法。条件应承法，顾名思义，是带有条件的应承。你要我做什么都可以，但是有一个前提，而前提没有达到的话就不能履行了。举个例子，庄子当年找监河侯借钱，一开口，好家伙，要300两金子！监河侯听了，这么多啊，不借。不借是不借，但人家拒绝得非常有水平。监河侯说："好，过段时间我要去收租，如果能够收齐，就借你300两金子。"这话听上去是应承了，但里面透露出信息，隐含了条件，留足了退路。透露了什么信息呢？——我现在不借，不借的原因是手里不宽裕，要收了租才有。隐含了什么条件呢？——如果能够将租收齐。留足了什么退路呢？——一是要过段时间，二是如果没有收齐租的话不借。庄子是多么聪明的人，一听这个回复也没有半点办法。

　　在运用条件应承法时，要注意条件的设置，要与别人的请托有密切关系，方才说得过去。比如别人问你借钱，你说好吧，等太阳从西边出来吧。这成了什么，太阳从哪边出和借钱有什么关系，再说太阳也不可能从西边出来啊。你不是存心刻薄、调戏人家吗？那要怎么说呢？你看现在股市不是不景气吗？如果你炒股的话，可以说："好啊，等我的股票解套了吧。"天知道你有多少股票被套、套了多深、何时能解套！

　　其二是推托法。人处在一个大的社会背景中，互相制约的因素很多，为什么不选择一个盾牌挡一挡呢？如有人托你办事儿，假如你是领导成员之一，你可以说，我们单位是集体领导，像你的事儿，需要大家讨论才能决定，不过，这件事恐怕很难通过，最好还是别抱什么希望，如果你实在要坚持的话，待大家讨论后再说，我个人说了不算数。——这就是推托，把矛盾引向了另外的地方，意思是我不是不给你办，而是我办不了。听者听到这样的话，一般都要打退堂鼓，会说：

"那好吧，既然是这样，我也不难为你了，以后再说吧！"

其三是答非所问法。答非所问是装糊涂，给请托者以暗示。如问："此事您能不能帮忙？"答："我明天必须去参加会议。"

答非所问，婉拒了对方，对方从你的话语中感受到，他的请托得不到你的帮助，只好采取别的办法。这种情形常常发生在上下级之间，我以前在某单位就经常遇到。明明找老板要求涨工资，小心谨慎地说出后，被老板一些东南西北的话给岔散了，怎么拧也拧不回来。

其四是含糊拒绝法。如问："今晚我请客，请务必光临。"答："今天恐怕不行，下次一定来。"

下次是什么时候，并没有说定，实际上给对方的是一个含糊不定的概念。对方若是聪明人，一定会听出其中的意思，而不会强人所难了。

说了那么多拒绝别人的方法，并不是说我们就应该拒绝一切求助。每个人的时间、金钱、资源都是有限的，对于有些请求，我们实在是没能力或必要去硬充好汉。同时，需要提醒读者的是，也不是所有的拒绝都要用糊涂法，事实上，在有些情况下你也完全可以直接拒绝对方。要根据具体情况来选择适合的方法。比如你的好友打电话要你陪她去逛超市，你完全可以直接告诉她："对不起，我没空，我要做什么什么事情。"不需要任何拐弯抹角，效果更好。

拒绝别人最好能够委婉，因为没有人喜欢被拒绝；被别人拒绝一定要大度，因为拒绝你的人总有他的理由。

月朦胧鸟朦胧，可进可退的求爱术

有一首歌是这样唱的："想说爱你，并不是件很容易的事，那需要太多的勇气。"这歌词其实只对了一半，前面说的求爱不容易是实话，后面说的"勇气"不对，应该是"那需要太多的智慧"。光知道鼓起勇气去求爱，难免一次一次地唱："为什么，受伤的总是我？我到底做错了什么？"

你到底做错了什么？不善于求爱！

在现实生活中，异性之间的友谊和爱情有时是十分模糊的，很容易让人误解。因为有的爱非常羞涩，掩藏得非常深，而有的爱则是无意识的，尽管已深深地被对方吸引，但仍不觉这是爱。因为人的感情是十分复杂的，兄长式的爱、姐姐式的关怀，妹妹式的依赖和弟弟式的信任，这些包含着复杂感情成分的交往，又往往很容易给人以模棱两可的感觉，而对于尚没有意中人的男女来说，对此又非常敏感，对感情信号的接收系统往往倾向于"爱情"这一边，因而时常会导致错误的理解。

还有一种情况可以算作"中间地带"，既有友谊的成分，也有爱的成分，既可以停留在友谊的层面上，也可以上升为爱情的关系，当事人尚犹疑不定，不知道停止还是前进，因而在表现上、言谈间很朦胧，让你难以把握，很多男女往往处在这"中间地带"而感到很迷茫。

区分友谊或爱情的办法是，当你很明显地感到对方是把你视作普通的朋友时，你就不要有非分之想，可把两人的关系圈定在友谊层面上。当你感觉是"中间地带"，即已分不出是友谊还是爱情时，抑或是友谊与爱情参半时，就必须采用试探的办法，探明他（她）对你是友谊还是爱情。

用语言试探是最常用也是最直接的办法，因为人们相处最方便、机会最多的工具就是语言。试探对方对你是否有意，可以直接发问，可以一语双关，或借题发挥，等等。以下举几个例子：

（1）两人走到一个鲜花摊前，你（男）说："这玫瑰真漂亮，我买一枝送给你好吗？"她颔首同意，你就买一枝送给她，并说："你如果喜欢这种花，我以后会经常送一束给你，如何？"她如果没有拒绝，说明对你有意。

（2）两人聊天谈到对象选择时，问："你心目中的丈夫（妻子）是什么样的？"如果她（他）对你有意，描绘的"形象"肯定是以你为"模板"的，你心里就该有谱了。

（3）两人在谈及人品、性格等话题时，你借题发挥说："谁要是娶了你，肯定很幸福。"看她如何回答，就可判断她对你是否有意。她如果说："唉，我这种人谁会要啊。"那么基本上是她明白你的暗示之后在暗示你了。接下来怎么说，还要教吗？"我觉得你挺好啊"或"实在没人要就嫁祸于我算啦"，等等，视当时的情况而定。

（4）一语双关。这是含蓄示爱的惯例。比如瑶瑶和她青梅竹马的邻居大明互生爱慕，但苦于一直没机会表达。一天，大明抢着帮瑶瑶挑水，瑶瑶撒娇地说："好，让你挑，你给俺挑一辈子。"值得注意的是一语双关一定要准确、易懂，不能模棱两可，让人产生歧义。

第五章 类比，高情商沟通说服术

　　类比的说服术，历来都受到沟通大师的重视。翻开老庄的言论，阅读《战国策》中那些纵横家的高论，类比的运用随处可见。类比能够化繁为简，通过对方所熟悉的事物来说明对方所不熟悉的事物，或通过简单的道理来说明复杂的事物。用类比来说明问题非常形象，深受大家接受与欢迎。

从身边的事物着手

在一家餐厅的包厢里，一群人正在围桌吃饭。其中，一个文学青年喋喋不休地谈起了最近一部火爆的小说。商人说："那部小说不怎么样。"

文学青年说："你没有从事过文学理论学习与创作实践，是不懂得鉴赏文学作品的。"

"岂有此理，"商人指着眼前的一盘炒鸡蛋，反驳道，"我这一辈子也没有学习过下蛋理论，也没有进行过下蛋实践，可这并不妨碍我对这盘炒鸡蛋的口味做出评判。"

文学青年顿时熄火。

三国时，在刘备统治蜀汉期间，将酒列为官府专卖，不准民间私酿。有一天，刘备出来巡视，发现有户人家里有酿酒的器具，便下令把那家人抓起来。在旁跟随的简雍便问刘备为何抓人？刘备说："他们有酒具，必有私酿，自然该抓。"简雍也不多说，只是叫士兵把路边一个人抓过来，说这人有罪。

刘备惊问："他有何罪？"

简雍回答："他犯有淫罪。"

刘备追问："怎么说他犯淫罪，可有证据？"

"有，他有淫具，必有淫罪，自然该抓。"

刘备听了，哈哈一笑，当即把那家有酒具的人全放了。

简雍根本就没有谈酒具与私酿之间的区别，这个问题过细谈论起来，一时还真难扯清。他只顺势来了一个类比，就将道理说得清清楚楚。

用类比来说明事理，或说服他人，适宜从彼此身边的事物着手。这样，人题顺畅，不突兀，彼此的交流也没有认知上的障碍，能更加清晰准确地将所要表达的意思传递给对方，从而取得对方的理解、认同与支持。

伽利略年轻时就立下雄心壮志，要在科学研究方面有所成就。但他的父亲更希望他去研修神学，因为那个时代学习神学有一个更稳妥与体面的未来。伽利略想说服父亲支持自己，但几次努力都没有成功。后来，伽利略用了一点小小的计谋，终于说服并改变了他父亲的立场。

伽利略没有一开始就谈正题，而是先从身边的事情开始："爸爸，我想问您一件事，是什么促成了您同母亲的婚事？"

父亲回答："我爱上她了。"

伽利略又问："那您有没有打算娶别的女人？"

"没有，孩子。家里的人要我娶一位富有的女士，可我只钟情你的母亲，她从前可是一位风姿绰约的姑娘。"

18岁的伽利略得到了他所想要的回答后，便切入正题："您说得一点也没错，她现在依然风韵犹存，您不曾娶过别的女人，因为您爱的是她。您知道，我现在也面临着同样的处境。除了科学以外，我不可能选择别的职业，因为我喜爱的正是科学。别的对我而言毫无用途也毫无吸引力！难道要我去追求财富、追求荣誉？科学是我唯一的爱，我对它的爱有如对一位美貌女子的倾慕。"

用父亲对母亲的深爱，来类比自己对科学的深爱；用父亲对母亲的忠贞不渝，来类比自己对科学的忠贞不渝。伽利略的这种类比的说明方法，无疑比那些"我很爱科学""我一定要学习科学"之类的话更能让父亲明白他内心的迫切。父亲一旦明白了伽利略对科学的身心迷醉，就容易理解与支持伽利略了。于是，他们的话题开始朝着如何去学习科学的方向走，而不再纠结于该不该学习科学这个问题。

用类比来说事明理，既是一种技巧与方法，更是一种智慧，常常能收到意想不到的效果。

诸葛恪是诸葛亮的侄子，其聪明机智颇有诸葛世家的风范。有一次，诸葛恪给孙权献了一匹良马，先把马的耳朵穿了洞。范慎见了，嘲弄诸葛恪道："马虽然是一个牲畜，但也禀气于天，现在你将它的耳朵弄了一个洞使它残缺，真是太不仁慈了！"

诸葛恪回答："做母亲的对于自己的女儿，也是慈爱至深的，她不仅穿了女儿的耳朵，还给她挂上珠链。"

诸葛恪将自己在马耳上穿孔和母亲给女儿戴耳环耳坠类比，由母亲的举动是仁慈的，来说明自己在马耳上穿洞也是仁慈的。

人和马本来就不是一类。母亲给女儿穿耳戴环，和人在马耳上打洞也相去甚远。但都是在耳朵上打眼，这一点是一样的。这样，类比反驳的本象与类象之间就有了相通。难怪范慎当时听了之后，一句话也说不出来。

类比一定要用大家都熟悉的事物，这样才能达到便于理解的目的。否则，越比越晦涩、越难懂，还不如不比好。而身边的事物，则是大家都熟悉的。例如一个学建筑的文学青年向一位作家讨教，作家看了青年的习作后，这样说："写文章其实和建房子差不多，建房子首先要图纸，写文章首先也要有构思；房子的设计如果和大家造得差不多，就没有任何看头，写文章也是如此，要有新意；房子设计得有新意，但看上去要让人觉得比例协调，不能一味求新而不顾视觉美学，写文章也是如此……"作家对青年说了这样一通话后，再具体针对青年的习作提出了自己的看法与意见，让青年不禁有茅塞顿开、豁然开朗的感觉。

从对方钟爱的事物入手

有人喜欢钓鱼，那么你和他谈论钓鱼一定是他喜欢的。谈论别人喜欢、钟爱、擅长的事物，让对方眉飞色舞，这是与人开心闲聊的一个小技巧。口才高手们不光在闲聊中善于运用这一战术，在说服、规劝中，也善于运用这一战术，并能通过这一战术用类比的桥梁，把自己真正想要传递的思想传送到对方心里。

战国时期有一位叫邹忌的纵横家，想规劝沉湎声色、荒废朝政的齐威王，顺便在他那里谋个大好前程。他将运用何种方式去说服这个大王呢？

邹忌走进内宫聆听钟爱音乐的齐威王弹琴。听完后，他连声称赞道："好琴艺呀！好琴艺……"齐威王不等邹忌称赞声落音，连忙问道："我的琴艺好在哪里？"邹忌躬身一拜道："我听大王那大弦弹出来的声音十分庄重，就像一位明君的形象；我听大王从那小弦弹出来的声音是那么清晰明朗，就像一位贤相的形象；大王运用的指法十分精湛纯熟，弹出来的音符个个都十分和谐动听，该深沉的深沉，该舒展的舒展，既灵活多变，又相互协调，就像一个国家明智的政令一样。听到这悦耳的琴声，怎么不令我叫好呢！"

知音啊，钟子期在鉴赏伯牙的琴声时，也不过如此吧。齐威王听了这个话，心里简直就像喝了蜜一样的甜，心里一下子就将邹忌引为知音。

邹忌接着说道："弹琴和治理国家一样，必须专心致志。七根琴弦，好似君臣之道，大弦音似春风浩荡，犹如君也；小弦音如山涧溪水，像似臣也；应弹哪根弦就认真地去弹，不应该弹的弦就不要弹，这如同国家政令一样，七弦配合协调，才能弹奏出美妙的乐曲，这正如君臣各尽其责，才能国富民强、政通人和、弹琴和治国的道理一样呀！"

齐威王说："先生，你的乐理是说到我的心坎里了，但是光知道弹琴的道理还不够，必须审知琴音才行，请先生试弹一曲吧。"邹忌于是走到琴位，两手轻轻舞动，只摆出弹琴的架势，却并没真的去弹。齐威王见邹忌如此这般，恼怒地指责道："你为何只摆空架子不去真弹琴呢？难道你欺君不成？"

邹忌答道："臣以弹琴为生业，当然要悉心研究弹琴的技法。大王以治理国家为要务，怎么可以不好好研究治国的大计呢？这就和我抚琴不弹，摆空架子一样。抚琴不弹，就没有办法使您心情舒畅；您有国家不治理，也就没有办法使百姓心满意足。这个道理大王要三思。"

第五章　类比，高情商沟通说服术

齐威王这人其实并不昏庸愚钝，只是过于贪玩而已。听了邹忌的话，他幡然醒悟，当即请邹忌任相国，和邹忌大谈治国争霸大业，并封赏下邳（今江苏邳县西南部）给邹忌，称成侯。

邹忌的这次"推销"（既推销自己又推销自己的理念），完全是口才界的巅峰之作。他先用有理有据、字字珠玑的语言，赞美了齐威王最引以为豪的琴艺，在这位君王最钟情的音乐领域说得头头是道。这个前奏，消除了齐威王与自己初次见面的警惕，以及两人间尊卑悬殊的隔膜。总之，将不利沟通的障碍一举铲除。这属于赞美范畴，关于赞美，我们在后面将有专门的文字详细讲解，因此在此不做深入探讨。

在取得齐威王好感后，邹忌就使出了"类比"的绝学。把弹琴和治理国家做了天衣无缝的类比，齐威王听了不得不说："你的乐理是说到我的心坎里了。"但齐威王似乎不怎么想和邹忌谈论国事，他那时更钟情于琴艺。他想考考这个将乐理讲得天花乱坠的家伙，看看他是否只知道"谈琴"而不会"弹琴"。于是齐威王将邹忌请到琴位，要他试弹一曲。

邹忌哪会上当？不说他的琴艺是否真的高超到能受到专家级的齐威王的赏识，就是能受到赏识也无非是赏赐一个宫廷乐师之类的职位，这完全背离了与齐威王"谈琴"的初衷。所以，他是绝对不愿意去"乱弹琴"的。于是，只见邹忌两手轻轻舞动，只摆出弹琴的架势，却并没真的去弹。齐威王不干了，一顶"欺君"的大帽子轰然而至，这可是死罪！

邹忌的应对措施，是继续"类比"。这次的类比，他的道理更加深入了。说我抚琴不弹是摆空架子，可您抱着国家的"琴"也没有什么动作。又说我抚琴不弹不能让您心情舒畅，您的国家不治理也不能使百姓心满意足。

至此，邹忌再次将话题回归到国事之上，什么"欺君"的帽子连摘都不用摘就化为无形。响鼓不用重槌，邹忌的槌已经够重了。齐威王这面响鼓，终于发出了"咚咚咚"激昂的响声。

综观邹忌的这次进谏之语，主次分明条理清晰，起承转合顺畅圆润，类比说明严丝合缝，轻重缓急拿捏到位，值得我们学习的点非常多。

具体到类比在口才中的运用问题，从对方钟情、擅长的事物入手，其好处有二：首先，对方有兴趣听，听得专心与用心；其次，省得讲大篇的道理，因为道理他本来就明白，或一说就明白，你只需要点出来再移植到要类比的事物上就行了。

做个讲故事的高手

很多时候，讲道理不如讲故事更让人明白与接受道理。在家庭里对孩子的教育尤其如此。近年，甚至职场也流行管理者用讲故事的方式来教育、点拨下属的风气。这说明用讲故事这种潜移默化的方式来沟通，有很好的效果。

单纯地讲故事，可能与类比无关，无非是增加谈话的趣味性，或者增强知识性。但如果用对症下药式的故事去说明一个道理，去点拨对方，则属于一种高超的类比口才了。如果我

第五章　类比，高情商沟通说服术

们再对历代能言善辩的人稍微留心，就会发现他们个个都是讲故事的高手，他们通过一个又一个有趣的故事，来将自己的思想有效地传递给对方。

我们还是以邹忌这个口才高手的故事为例子。邹忌靠"谈琴"上位之后，齐威王虽然幡然醒悟，但国内混乱的场面还是得靠一步一步规范。各项规章制度，也得一个一个地实施。

邹忌想要齐威王通过广纳群言来兴利除弊，于是他找到齐威王。但邹忌并不直接谈正题，他先说了一个发生在自己身上的故事。

邹忌在早晨穿戴好衣帽，端详着镜子里自己的形象时，对妻子说："我与城北徐公相比，谁更美？"妻子说："您美极了，徐公哪能比得上您呢？"城北的徐公是齐国的美男子。邹忌不相信自己比徐公美，又问他的妾说："我与徐公相比，谁更美？"妾说："徐公哪能比得上您呀！"第二天，有客人从外面来拜访，邹忌与他相坐而谈，问他："我与徐公相比，谁更美？"客人说"徐公比不上您美。"第三天，徐公来了，邹忌仔细地看他，自认为不如徐公美，又对着镜子审视自己的形象，更感觉远不如徐公美。晚上睡觉时思考这件事，说："我妻子说我美，是因为偏爱我；妾说我美，是因为怕我；客人说我美，是因为有求于我。"

邹忌把上面这个故事说给了齐威王听，并又开始施展他精通的类比战术："我确实知道自己不如徐公美。可是我的妻子偏爱我，我的妾怕我，我的客人想要有求于我，都认为我比徐公美。现在齐国的土地方圆千里，有一百二十座城池，宫里的王后嫔妃和亲信侍从，没有谁不偏爱大王，满朝的大臣，没有谁不害怕大王，全国范围内的人，没有谁不有求于大王。由此看来，大王所受的蒙蔽太严重了。所以，大王您应该贴出告示，招引天下贤才，广纳群言方不至于偏听偏信。"

结果，邹忌这次又成功了。邹忌以家事类比国事，没有半点大道理，深入浅出，通俗易懂。

其实，我们也经常听别人讲故事或自己讲故事给别人听，但更多的时候是用在闲聊上。如果能将思路放开些，采用一些故事类比，以支持自己的建议或论据，是一个很有效的方法。

战国时期，齐国的公子孟尝君应邀去秦国。因为当时秦国和齐国关系并不怎么好，孟尝君去了可能会有危险。所以劝他别去的人非常多，可孟尝君认为自己若不去的话就失去信用，坚持要去。

丞相苏秦上门想规劝，可是孟尝君却说："人间的事，我全都知道啦，没听过的，只有鬼怪的事了。"摆明了是不想听苏秦的话嘛。苏秦就说："臣这次来本来就不敢跟您谈什么人间的事，本来就是为了鬼怪的事来见您的呀。"孟尝君一听，没法子了，就接待了他。

苏秦逮住机会就说开了："臣这次来的时候，路过淄水，听见一个泥人跟一个桃木偶在说话。桃木偶对泥人说：'你原是西岸的泥土，有人把你捏成了人形儿，可等到八月，天下大雨，淄水涨上来，你就会被冲得不成模样。'泥人说：'你说得对！可我本来就是西岸的泥土，被水冲坏不过是回到西岸而已；你就不同喽，你是用东方的桃木刻成的人形，雨后水涨，就会把你冲走。你只能随着水漂啊漂，还不知道你最终会漂到哪里呢？'木偶听了哑口无言。"

看孟尝君似乎若有所思，苏秦连忙运用类比大法："您这次去秦国，就像东岸的木偶离开了原来的地方，很快就被冲得无影无踪！"

孟尝君听了之后，最终决定还是不去了。

看庄子是怎么说的

哲人们说话从来就不晦涩难懂，他们有一个共同的特点，就是喜欢利用平常之事物，来诠释（类比说明）其思想。庄子就是其中一个佼佼者。

一次，庄子与弟子们走到一座山脚下，见一棵大树枝繁叶茂，耸立在大溪旁，特别显眼。庄子忍不住问伐木者："请问师傅，如此好大木材，怎一直无人砍伐？以致独独长了几千年？"伐木者似对此树不屑一顾，道："这何足为奇？此树是一种不中用的木材。用来做舟船，则沉于水；用来做棺材，则很快腐烂；用来做器具，则容易毁坏；用来做门窗，则脂液不干；用来做柱子，则易受虫蚀，此乃不成材之木。不材之木也，无所可用，方才能有如此之寿。"

听了此话，庄子忙对弟子们说："这棵树因为没有用而终其天年，这种无用难道不是有用，无为难道不是有为？"庄子又说，"树无用，不求有为而免遭刀斧的砍伐；白额之牛，亢鼻之猪，痔疮之人，巫师认为是不祥之物，因此在祭河神时才不会把它们投进河里；残废之人，征兵不会征到他，故能终其天年。形体残废，尚且可以养身保命，何况德才残废者呢？树不成材，方可免祸；人不成才，亦可保身也。"庄子越说越兴奋，总结性地说，"山上的树木有用处，招来折扭砍伐。油脂可以燃烧照明，被人取去煎熬。桂树可做食用调味，所以遭到砍伐，漆树的漆可供人使用，所以遭到切割。人们都知道有用的用处，却不知道无用的用处啊。"庄子的这番话，用树、牛、猪等遭遇，类比至人，弟子们听了个个恍然大悟，点头不已。

一天，庄子正在涡水边垂钓。楚王委派的两位大夫前来请他出山为官，两人曰："我们大王久闻先生贤名，欲以国事相累。深望先生欣然出山，上可为君王分忧，下可为黎民谋福。"庄子持竿不顾，淡然说道："我听说楚国有只神龟，被杀死时已三千岁了。楚王珍藏之以竹箱，覆之以锦缎，供奉在庙堂之上。请问二位大夫，此龟是宁愿死后留骨而贵，还是宁愿生时在泥水中潜行曳尾呢？"二位大夫答道："自然是愿活着在泥水中曳尾而行啦。"庄子说："那么，二位大夫请回去吧！我也愿在泥水中曳尾而行哩。"

有个拜会过宋王的人，得到了宋王赐予车马十乘。该人倚仗这些车马在庄子面前来来去去地炫耀。庄子说："河上有一个家庭贫穷靠编织苇席为生的人家，他的儿子潜入深渊，得到一枚价值千金的宝珠，父亲对儿子说：'拿过石块来锤坏这颗宝珠！价值千金的宝珠，必定出自深深的潭底，黑龙的下巴下面，你能轻易地获得这样的宝珠，一定是正赶上黑龙睡着了。倘若黑龙醒过来，你还想活着回来吗？'如今宋国的险恶，远不止是深深的潭底；而宋王的凶残，也远不止是黑龙那样。你能从宋王那里获得十乘车马，也一定是遇上宋襄王睡着了。倘若宋襄王一旦醒过来，你也就必将粉身碎骨了。"庄子的这席话，可谓一针见血。

惠子是庄子的好朋友，在魏国做宰相。庄子想前往看望他。人还未到，就有人对惠子说："庄子来魏国，是想取代你做宰相。"

惠子一听，心里开始打鼓。于是，就发动他手底下的人到全国去找庄子，想阻止庄子见魏王，一连找了三天三夜也没有找到。庄子听说这个事，就上门找到惠子，说："南方有一种鸟，它的名字叫凤凰，你知道吗？凤凰从南海出发飞到北海，不是梧桐树它不会停歇，不是竹子结的果实它不会进食，不是甘美的泉水它不会饮用。这时，一只猫头鹰找到一只腐烂了的老鼠，凤凰刚巧从空中飞过，猫头鹰抬头看着凤凰，连忙护住腐烂的老鼠，并发出怒叱：咻！如今你也因为你的魏国来怒叱我吗？"

庄子再次用奇幻的类比，将自己的心思表露得清清楚楚。惠子听了，自然也完全相信庄子的话，不再起任何怀疑之心。

类比能够化繁为简，通过对方所熟悉的事物来说明对方所不熟悉的事物，或通过简单的道理来说明复杂的事物。用类比来说明问题非常形象，高情商沟通高手千万不可忽视这一技巧。

第六章　诙谐幽默，妙趣横生人人爱

　　人们都喜欢听幽默的语言，就像喜欢听动人的音乐、欣赏美妙的诗篇一样：我们和谈吐幽默的人在一起，往往就像置身于蔚蓝的大海边或壮美的大山中一样让自己陶醉。幽默风趣的人是我们生活中一道最亮丽的风景线。

开心一笑，活跃气氛的法宝

沟通是一门艺术，如果只遵循条条框框，见了面不管是谁，一律只问工作、爱好，不仅会让人乏味，也会让谈话平平淡淡没有亮点。如果你能够适当加入幽默的元素，开个玩笑，让彼此先开怀一笑，就会让气氛活跃起来，消除刚见面时的尴尬，接下去的交往也会顺畅许多，同陌生人交谈尤其要如此。

幽默是活跃气氛的法宝，和陌生人见面若能够有分寸地、善意地开个玩笑，就有可能博得别人的好感，摆脱习惯、生疏的界限，享受到自由交谈的轻松愉快。而且，用幽默诙谐的语言其实也能表达比较严肃的内容。

在今天，没有幽默感的人很难有大作为，越是位高权重的人越离不开幽默，否则会被认为不亲民。而在中国历史上，只有纪晓岚等少数人敢在君主面前玩幽默。那么，到底谁偷走了中国人的幽默感呢？最主要的窃贼就是"等级观念"。人能幽默，首先来自内心深处的一种"人人平等"的概念。但在中国，家长、老师、领导这三类人，却多扮演着严厉者的角色，让孩子、学生、下属只能小心翼翼，不敢"造次"。

此外，低俗文化的盛行，也扼杀了人们的幽默感。不论电视还是网络上，流传的大多是一些无聊的笑料，要么是高可笑性、低智慧性的，表现为哗众取宠，只能给人带来嘲笑；要么是低可笑性、低智慧性的，表现为损人损己、庸俗低下，并不可笑甚至令人作呕。

很多人经常认为幽默是天生的，而抱怨自己没有幽默细胞。其实只要我们留心那些幽默十足的人，就会发现他们的心理素质一般都优于常人，而良好的心理素质也不是天生的，需要后天的锻炼和培养。

对于高情商人士来说，首先要具备的心理素质就是自信。一个常常为自己的职业、容貌、服饰、年龄等因素而惴惴不安、自惭形秽的人，又如何在适当的场合进行优雅的"表演"？

安徒生很俭朴，经常戴个老式的帽子在街上行走。有个过路人嘲笑他："你脑袋上边的那个玩意儿是什么？能算帽子吗？"安徒生干净利落地回敬道："你帽子下边的那个玩意儿是什么？能算脑袋吗？"没有高度的自信，恐怕安徒生早就在他人的取笑中发窘，或者勃然大怒，哪能灵光一现，给出一个绝妙的反击？

冷静也是高情商人士的一项心理特质。冷静，是使人们的智慧保持高效和再生的条件。因为只有在头脑冷静的情况下，人们才能迅速认准并抑制引起消极心理的有关因素，同时认准和激发引起积极心理的有关因素。英国首相威尔逊在一次群众大会上演讲时，反对者在下面鼓噪，其中一人高声大骂："狗屎、垃圾！"面对听众可能产生的误解和骚动，威尔逊首相沉稳地报以宽厚的微笑，非常严肃地举起双手表示赞同，说："这位先生说得好，我们一会儿就要讨论你特别感兴趣的脏乱问题了。"捣乱分子顿时哑口无言，听众则报以热烈的掌声。

再者，乐观是高情商人士具有的另一个重要素质。俄国著名寓言作家克雷洛夫早年生活穷困。他住的是租来的房子，房东要他在房契上写明，一旦失火，烧了房子，他就要赔偿15000卢布。克雷洛夫看了租约，不动声色地在"15000"的后面加了一个零。房东高兴坏了："什么，150000卢布？""是啊！反正一样是赔不起。"克雷洛夫大笑。幽默感的内在构成，是悲感和乐感。悲感，幽默者的现实感，就是对不协调的现实的正视。乐感，是幽默者对现实的超越感，是一种乐天感。没有幽默感的人不会积极地看待这个世界，不会乐观地看待自己的生活。当然乐观不是盲目的，而是有所依附的，是一种透彻之后的豁达。乐观地看待你的生活，幽默自然而生。

良好的心理素质是幽默的根基，幽默的主干是广博的知识。幽默的思维经常是联想性与跳跃性很强，如果不具备广博的知识来支持，你的思维跳来跳去也就那么大的一块地方。因此，提高自己的幽默水准，需要不断地拓展知识门类和视野，提高对事物的认知能力。

有了根基与主干后，幽默要开花结果，还需要一些具体的枝枝叶叶。究竟哪些话容易形成幽默，给人带来笑声呢？

首先，奇特的话使人开心而笑。幽默的最简单的表现方法就是令人惊奇地发笑。康德所讲的"从紧张的期待突然转化为虚无"，正是基于幽默的结构常常能造成使人出乎意外的奇因异果。

幽默就是要能想人之未想，才能出奇制笑。有人说："第一个把女人比喻成花的是智者，第二个把女人比喻成花的是傻瓜。"这句话虽然有点偏激，但新奇、异常的确是幽默构成的一个重要因素。

其次，巧妙的话使人会心而笑。运用幽默的核心是使人赞叹不已的巧思妙想，从而产生令人欣赏的欢笑。俗话说："无巧不成书。"巧可以是客观事实上的巧合，但更多的是主观构思上的巧妙。巧是事物之间的某种联系，没有联系就谈不上巧。如果能在别人没有想到的方面发现或建立某种联系，并顺乎一定的情理，就不能不令人赏心悦目。

最后，荒诞的话使人会心而笑。幽默的内容往往含有使人忍俊不禁的荒唐言行，从而使人情不自禁地发笑。俗话说："理不歪，笑不来。"荒谬的东西是人们认为明显不应该存在的东西，然而它居然展现在我们面前，不能不触动我们心灵，让人发笑。

风平浪静的水面，投进一块石头，就会一下子荡起波纹。常规思绪的心理，被超常的信息搅扰，也会引起心潮起伏。奇异、巧妙、荒谬就是这种超常的信息，就是幽默之所以致笑的要因，也是我们学会幽默应把握的要诀。

说来说去，幽默其实与人的气质培养类似，而幽默本身也是一种独特的性情气质。如果你知道一个人良好的气质该如何培养，也应该联想到一个人高超的幽默感是如何拥有的。

除了词汇，最重要的是幽默

在一次庆功会上，有一个将军在与一个士兵碰杯的时候，那士兵由于紧张，举杯时用力过猛，竟把一杯酒都泼到了将军的头上，士兵当时就吓坏了，可老将军却用手擦了擦头顶的酒笑着说："小伙子，你以为用酒能治好我的秃顶啊，我可没听说过这个药方呀！"大家听后哈哈大笑。

卡耐基有句名言："关于沟通，除了词汇之外，最重要的就是'幽默'。"

作家普里兹文曾经说过："生活中没有哲学还可以应付过去，但是没有幽默则只有愚蠢的人才能生存。"幽默是一个人的学识。才华、智能、灵感在语言表达中的闪现，是一种能抓住可笑或诙谐想象的能力。同时，幽默是使我们沟通轻松愉快的催化剂。如果生活中没有幽默，那就没有良好的沟通，如果没有和谐的沟通，那这个社会很难想象会是什么样子。

生活中需要幽默就如同鱼需要水、树木需要阳光一样。一个幽默的人，能让人开怀大笑，从而使他在人际交往中魅力无穷，备受欢迎。一般来讲，一个人的谈吐仪态自然优雅、机智诙谐、风趣、懂得自嘲、引人发笑，我们可称之为幽默之人，如能善用比喻，将有趣的故事导入主题，将更能令人印象深刻。

幽默在人际交往中的作用是不可低估的。美国一位心理学家说过："幽默是一种最有趣、最有感染力、最具有普遍意义的传递艺术。"幽默的语言，能使社交气氛轻松、融洽、利于交流。人们常有这样的体会，疲劳的旅途中，焦急的等待中，一句幽默的话，一个风趣的故事，都能使人笑逐颜开，疲劳顿消。

在公共汽车上，因拥挤而争吵之事屡有发生，任凭售票员"不要挤"的喊声扯破嗓子，仍无济于事。忽然，人群中一个小伙子嚷道："别挤了，再挤我就变成相片啦。"听到这句话，车厢里立刻爆发出一阵欢乐的笑声，人们马上便把烦恼抛到了九霄云外。此时，正是幽默缓解了紧张的人际关系。

幽默能表达人与人之间的真诚、友爱，能沟通心灵，拉近人与人之间的距离，填平人与人之间的鸿沟，是希望和他人建立良好关系不可或缺的东西。当一个人要表达内心的不满时，如果能使用幽默的语言，别人听起来会顺耳一些。当一个人需要把别人的态度从否定变到肯定时，幽默具有很强的说服力。当一个人和他人关系紧张时，即使在一触即发的关键时刻，幽默可以使彼此从容地摆脱不愉快的窘境或消除矛盾。所以，幽默是人际沟通的润滑剂。

善于运用幽默的人，他的朋友往往也多，朋友多了路好走。因为幽默，初次和陌生人见面的时候会给对方留下较为深刻的印象，这对于身在职场中的我们来说是一件非常有利的事情，因为说不定哪一天我就会求助于别人。善于运用幽默的人比较平易近人，容易和他人相处，也比较有利于建立持久、牢固的人际关系。

人际关系是幽默大显身手的好地方，妙语连珠、谈笑风生是接通感情热线的关键。在产生误会、摩擦、矛盾的情况下，缺少幽默感的人，往往会把事情弄得一团糟；具有幽默感的人，往往能机智敏捷地道出别人的不足，在微笑中表明自己的观点，从而使误会得以缓解和消除。可以说，幽默是调节人际关系的润滑剂。

一天，英国著名的文学家萧伯纳在街上行走。突然，他被一个骑自行车的"冒失鬼"撞倒在地，幸好没有受伤，只是虚惊一场。骑车的人急忙把他扶起来，连声道歉，为自己的冒失感到自责。可是萧伯纳却略显惋惜地说："先生，你的运气真不好。如果你把我撞死了，你就可以名扬四海啦！"萧伯纳的这一句幽默妙语，表现了自己的大度，用自己的友爱和宽容，把自己和肇事者从这种尴尬、紧张的窘境中解放出来，使得这件事得到了妥善的处理。

社会环境的瞬息万变，工作压力的急剧提升，让人们经常感到一种心理压力和焦虑。此时，幽默是最好的"减压阀"，它不仅能使你心情变得轻松愉快，还能使你在交际中左右逢源，马到成功。

幽默是消除紧张局面的灵丹妙药，是随机应变的有力武器，但幽默绝不是低级趣味，幽默追求的境界是哲学的简朴和思想的飘逸。

马克·吐温更是一个深谙此道的幽默之人。有一次，他要去一个小城，临行前别人告诉他，那里的蚊子特别厉害。到了那之后，正当他在旅店登记房间时，一只蚊子在马克·吐温眼前盘旋，这使得服务员尴尬万分。马克·吐温却满不在乎地说："贵地蚊子比传说中的不知聪明多少倍，它竟会预先看好我的房间号码，以便夜晚光顾，饱餐一顿。"一句话逗得服务员不禁哈哈大笑。结果，这一夜马克·吐温睡得十分香甜。原来，当天晚上旅馆的全体职员一齐出动，驱赶蚊子，免得这位受人欢迎的大作家遭受蚊虫叮咬。幽默，不仅使马克·吐温拥有一群诚挚的朋友，也因此得到陌生人的"特别关照"。

对于男性来说，幽默也是和女士拉近距离的一个绝妙手段。有句话是这么说的："如果你能让一个女人连续笑三次，那么她对你的防范之心就会降低很多。"

幽默的语言是人们自然感情的流露，它必须有深刻的思想意义，它的运用要服从于思想、情感的表达。仅以俏皮话、耍贫嘴、恶作剧来填充幽默的不足，换取廉价的笑是浅薄的。

幽默能让你向别人展示自己的真诚和友善，使双方的相处更和谐，减少人们之间的摩擦，提高沟通的质量。

绵里藏针，用幽默表达不满

在人际沟通中，我们常常会碰到一些令我们不满的事情。有了不满，我们总想表达出来，但如何表达这种不满却是有一定的学问的。那么，能否找到一种既能达到自己的目的又不会让对方难堪的方法呢？

有，这便是幽默。

在饭店，一位挑剔的女人点了一份煎鸡蛋。她对女侍者说："蛋白要全熟，但蛋黄要全生，必须还能流动。不要用太多的油去煎，盐要少放，加点胡椒。还有，一定要是一个乡下快活的母鸡生的新鲜蛋。"

"请问一下，"女侍者温柔地说，"那母鸡的名字叫阿珍，可合你心意？"

在这则幽默段子中，女侍者就是使用了幽默提醒的技巧。面对挑剔的女顾客，女侍者没有直接表达对对方所提苛刻要求的不满，而是按照对方的思路，提出一个更为荒唐可笑的问题提醒对方：你的要求太过分了，我们无法满足，从而幽默地表达了对这位女顾客的不满。

有时候别人的言行不当，我们如果当面表达自己的不满，一定会引起对方的反感，如果等到以后，选择或设置一个适当的情景，向对方做出与之相似的言行，然后再稍加点拨，就可以委婉地使对方明白自己的意图。

幽默是人们为改善自己情绪和面对生活困境时所产生的一种需要。一个人想要表达自己的不满情绪时，如果使用比较幽默的话语，别人听起来会顺耳一些；一个人和其他人的关系紧张的时候，使用幽默的语言可以令彼此摆脱窘境或消除矛盾。一般来说，表达不满的幽默方式有以下几种：

1. 以柔克刚

一位姓曾的女士因公出差，在火车上与一位看上去很有涵养的男士坐在一起。这位男士主动和她搭讪，而曾女士觉得一个人干坐着也挺乏味的，于是就和他攀谈起来。

开始时这位男士还算规矩，和曾女士只是谈谈乘车难的感受以及交流一下对当今社会上一些不合理现象的看法。谈着谈着，这位男士话题一转，问道："你结婚了吗？"

曾女士一听，好感瞬间就没了，但又不便发作，于是她态度平和地说："我听人说过这样一句话，前半句是'对男人不能问收入'，所以我才没有问你的收入；后半句是'对女人不能问婚否'，所以你这个问题我也是不能回答了！请原谅。"那位男士听曾女士这么一说，也觉得有点唐突，尴尬地笑了笑，不再说话了。寥寥数语，既表达了对对方失礼的不满，又没有令对方下不来台，可谓一举两得。

2. 名褒暗贬

1952年，正在苏联访问的美国总统尼克松将去苏联一些城市访问。苏共总书记勃列日涅夫到莫斯科机场送行。正在这时，飞机出现故障，一个引擎怎么也发动不起来，机场地勤人员马上进行紧急检修。尼克松一行只得推迟登机。

勃列日涅夫远远看着，眉头越皱越紧。为了掩饰自己的窘境，他故作轻松地说："总统先生，真对不起，耽误了您的时间！"一面说着，一面指着飞机场上忙碌的人群问，"您看，我应该怎样处分他们？"

"不，"尼克松说，"应该提升！要不是他们在起飞前发现故障，飞机一旦升空，那该多么可怕啊！"

3. 引人就范

一次，著名的德国作曲家勃拉姆斯参加一个晚会。不承想，晚会上他遭到一群厚脸皮的女人的包围。他一边礼貌地应付，一边想解脱的办法，忽然他心生一计，点燃了一支粗大的雪茄。很快，有几个女人忍不住咳嗽起来，勃拉姆斯照样泰然地抽他的雪茄。

终于有人忍不住了，对勃拉姆斯说："先生，你不该在女人面前抽烟！"

"不，我想，有天使的地方不该没有祥云！"勃拉姆斯微笑着回答。

勃拉姆斯用幽默的语言，使自己从无奈的纠缠中解脱出来。

4. 以退为进

齐国晏子出使楚国，因身材矮小，被楚王嘲讽："难道齐国没有人了吗？"

晏子说："齐国首都大街上的行人，一举袖子能把太阳遮住，流的汗像下雨一样，人们摩肩接踵，怎么会没有人呢？"

楚王继续揶揄道："既然人这么多，怎么派你这样的人出使呢？"

晏子回答说："我们齐王派最有本领的人到最贤明的国君那里，最没出息的人到最差的国君那里。我是齐国最没出息的人，因此被派到楚国来了。"

几句话说得楚王面红耳赤，自觉没趣。晏子的答话就是采用以退为进之法，貌似贬自己最没出息，所以才被派出使楚国，这是"退"，实则是讥讽楚王的无能，这是"进"，以退为进，绵里藏针，使楚王侮辱晏子不成，反受奚落。

5. 以喻止兵

生物学家巴斯德一次在实验室工作时，突然一个男子闯了进来，指责他诱骗了自己的老婆。争论中对方提出要决斗。清白占理的巴斯德完全可以将对方赶出门去，但是那样并不能解决问题，甚至会造成两败俱伤的恶果。这时候巴斯德沉着地说："我是无辜的……如果你非要决斗，我就有权选择武器。"

对方同意了。

巴斯德指着面前的两只烧杯说："你看这两只烧杯，一只有天花病毒，一只有净水。你先选择一瓶子喝掉，我再喝余下的一瓶，这该可以了吧？"

那男子怔住了，他一下子陷于难解的死结面前，只得停止争论与挑战，尴尬地退出了实验室。

6. 声东击西

一次，英国戏剧家萧伯纳的脊椎骨犯病，去医院检查。医生对萧伯纳说："有一个办法，从你身上其他部位取下一块骨头来代替那块坏了的脊椎骨，"并说，"这手术很困难，我们从来没有做过，"医生的本质意思是，这次手术所要收取的费用非同一般。

萧伯纳并没有与医生争论，也没有表示不满、失望，只是幽默地淡淡一笑说："好呀！不过请告诉我，你们打算付给我多少手术试验费？"

一个很棘手的问题，被萧伯纳处理得极其巧妙，从而避免了不愉快的争执。

7. 化解困境

小李在一家合资公司当设计员，他起草的一份资料因时间很久了，以为上司不再需要，就没有保存。岂知后来上司突然向他索要，他一时也记不起资料的去处，便托词说"放在家里了"，随后抽时间又重新做了一份以应急。同室的小张因嫉妒小李，正愁没地方发泄，当他知道了这一秘密后，便忙向上司检举，惹得上司批评小李："丢失了资料还要想隐瞒？"好在小李比较冷静，他坦率地向上司承认了自己的过失。下班后，明知小张使绊却未向他兴师问罪，反而风趣地说："看来，我寻找资料的速度，到底赶不上老总的两只耳朵快啊！"

小李借说"老总的耳朵"来暗中讥刺小张，实际上也暗示了自己知道是谁告的密，给了对方一个小小的警告。

8. 引蛇出洞

一次，鲁迅到一家门面堂皇、装修华丽的理发店理发。理发师见来客一副穷酸模样，打心底瞧不起他，所以冷冰冰地招呼鲁迅坐下，马马虎虎地理了几分钟就草草了事。鲁迅对着镜子照了照，不但没生气，还随手从衣袋里摸出一大把铜钱扔给理发师就离开了。理发师又惊又喜，他后悔自己有眼无珠，说不定这是位贵人呢！如果把他的头发理好些，不是能得到更多的钱？

一个月后，鲁迅又来到这家理发店，那个理发师一眼就认出了他，急忙笑脸相迎。又是奉茶，又是敬烟，并且大显身手，足足花了一个多小时，直到他感到这是自己多年来未曾有过的杰作时才罢手。鲁迅对着镜子照了照，从兜里摸出一个铜板，丢给理发师。理发师不解，鲁迅平静地说："这次是付你上次给我乱理发的钱。你这次理得认真，而钱已在上次付过了。"

幽默是人际沟通的润滑剂，巧用幽默表达一下对对方的不满。笑一笑，这事儿就算过去了，既表明了自己的立场，也维护了彼此的关系，不至于伤了和气，不失为一种有效的方法。

细心观察，幽默无处不在

幽默是一种高级的沟通艺术，擅长幽默的人，往往三言两语就能使人忍俊不禁。在中国传统文艺晚会上，相声、小品之所以成为最受欢迎的节目之一，就在于它的表现形式离不开幽默。下面就让我们来学习一下幽默的几个技巧：

1. 一语双关

所谓双关，也就是你说出的话包含了两层含义：一层是这句话表面的意思；另一层是引申的含义，而幽默就正从这里产生出来。也可说是言在此意在彼，让听者不只从字面上去理解，而能领会言外之意。

2. 正话反说

说出来的话，所表达的里层意思与字面意思完全相反，就叫正话反说。如字面上肯定，而意义上却否定；或字面上否定，而意义上却肯定。这也是产生幽默效应的有效方法之一。

这个方法被广泛运用于相声、小品之中。

有一篇名为《挤车的诀窍》的讽刺小品，正儿八经地说着反语：

朋友，你可知北京乘车之难？上下班乘车都成了一门学问。

先说上车，车来时，上策为"抢位"，犹如球场上的抢点。精确计算位置，让车门正好停在身边，可先据要津之利。当然，必须顶住！此中诀窍是：上身倾向来车方向。稳住下身，千万莫被随车涌来的人流冲走。

中策则贴边。外行才正对车门，弄得拥来晃去，上不了车，枉费力。北京人不同于外地人，哈尔滨人上车是"能者为王"，上海人多少会顾及颜面，但动辄大呼小叫，使你无心恋战。北京人又想讲点风格又想早点上车，但绝不会在车门前上车。最好的办法是贴住车厢，装出一副泰然自若的样子，一点一点地把"无根基"者拱开，只要一抓住车门，你就赢了。老北京都精于此道，所以售票员洗车，从来无须擦车门两边——那全是老北京的功劳。

下策呢，可称"搭挂"，将足尖嵌入车门，万万不可先进脑袋，而后紧靠车门，往里挤，只要司机关不上车门，他就得让你上车。

这里反话正说，表面教人不守秩序，实际是讽刺不守秩序之人。由于这些以肯定语气讲的话是明显荒谬的，因而才是可笑的。

3. 有意曲解

所谓曲解，就是歪曲本意，甚至荒诞地进行解释，以一种轻松、调侃的态度，对一个问题进行解释，将两个表面上毫无关联的东西联系起来，造成一种不和谐、不合情理且出人意料的效果，幽默便产生了。

一位妻子抱怨她的丈夫说："你看邻居那位先生，每次出门都要吻他的妻子，你就不能吗？"她丈夫说："那是当然可以，不过我目前跟那位太太还不算太熟。"

这位妻子的本意是要求她丈夫在每次出门前吻自己，而丈夫却有意地曲解为让他吻那位太太，这便产生了幽默。

4. 巧妙解释

巧妙解释即对原意加以巧妙的解释而造成幽默效果。

英国著名女作家阿加莎·克里斯蒂和比她小13岁的考古学家马克斯·马温洛结婚后，有人问她为什么要嫁给一个考古学家，她这样幽默地说："对于任何女人来说，考古学家都是最好的丈夫，因为妻子越老他就越爱她。"这一巧妙的解释，既体现了克里斯蒂的幽默，又说明了他们夫妻关系的和谐。

5. 刻意模仿

刻意模仿即模仿现存句式及语气而创造新的效果，是幽默方式中很常见的一种，往往需要借助于某种违背正常逻辑的联想，把原来的语素用于新的语言环境中，从而产生幽默。

一位女教师在课堂上提问："要么给我自由，要么让我去死。这句话是谁说的？"过了一会儿，一个日本学生用不熟练的英语答道："1775年，巴特利克·亨利说的。""对。同学们，刚才回答问题的是日本学生，你们生长在美国却回答不出来，而来自遥远的日本学生却能回答，你们多么可怜啊！""把日本人干掉！"教室里传来一声怪叫。女教师气得满脸通红，问："谁？谁说的？"沉默了一会儿，有人答道："1945年，杜鲁门总统说的。"这位同学模仿老师的提问做了回答，幽默色彩立刻充满课堂。

6. 自嘲

海幂·福斯第曾经说过："笑的金科玉律是，不论你想笑别人什么，先笑自己。"自嘲，也是自知、自娱和自信的表现，自嘲本身也是一种幽默。

英国作家杰斯塔东是个大胖子，由于体积过大，行动往往不太方便。但他不以胖为耻，还愿生生世世做个胖子。有一次，他对男友说："我是个比别人亲切三倍的男人。每当我在公共汽车上让座时，便足以让三位女士坐下。"这轻松愉快的自嘲，创造了轻松愉快的幽默，同时又表现了杰斯塔东高度的自信。

7. 夸张

将事实进行无限的夸张，就会造成一种极不协调的喜剧效果，会给人一种幽默感。

马克·吐温有一次坐火车到一所大学讲课。因为讲课的时间已经快到了，他十分着急，可是火车却开得很慢，于是幽默家想出了一个发泄怨气的好办法。

当列车员过来查票时，马克·吐温递给他一张儿童票。这位列车员也挺幽默，故意仔细打量，说："真有意思，看不出您还是个孩子哩。"

马克·吐温回答："我现在已经不是孩子了，但我买火车票时还是孩子，火车开得实在太慢了。"

火车开得很慢确是事实，但绝不至于慢到让一个人从小孩长长成大人。这里更是将火车开得慢和乘客等得焦急的程度进行了无限的夸张，产生了特殊的幽默效果，令人为之捧腹。

当然，幽默的方法很多，这里就不再罗列。幽默来源于生活，只要你细心观察，善于发现，幽默无处不在。

最安全的幽默，是调侃自我

1862年的一天，美国著名黑人律师约翰·马克将上台演讲。会前他被告知，听众大多数是白人，而且其中有不少人对黑人怀有成见。于是他临时改变了自己演讲的开场白，从争取听众入手。"女士们，先生们，我到这里来演讲，不如说是给这一场合增添点色彩。"

听众大笑，气氛活跃起来了，对立的情绪无形中被笑声驱散。尽管接下来的演说言辞很激烈，但会场秩序始终很好，取得了巨大的成功。这就是演讲史上著名的篇章《要解放黑人奴隶》。

在人际沟通中，我们经常会遇到一些意想不到的事情，或是自己失言失态，或是对方对自己的言行有看法，或是周围的环境出现了我们没有考虑到的因素等。总之，这些猝不及防的情境往往会令我们狼狈不堪。这个时候，最有效的解决方法，就是用幽默来化解尴尬。

但是，幽默的一条重要原则就是宁可取笑自己，也不轻易取笑别人。这种自嘲式的幽默往往更能化解纠纷，使得紧张的氛围趋于轻松。而把自己的缺点暴露出来，调侃一番，不仅不会将自己的缺点放大，还会拉近彼此的距离，给自己的魅力加分。

当在工作中身陷困境，发生了对自己不利的事情时，我们要根据现场情况巧妙、及时地使用调侃的手法来调侃自己，这样可以让你减轻压力，转移别人的视线，为自己摆脱困境，争取有利的局势。

有一次，中央电视台节目主持人杨澜主持一场晚会，当她走下舞台时，不慎摔倒在地。这时观众都呆住了，场面迅速冷下来，所有的人都在看着杨澜该如何收场。这时只见杨澜镇定地爬起来，然后面向观众，说："我给大家带来的《狮子滚绣球》节目表演得很失败，还是由我们那些专业的演员来给大家表演吧。下面请看台上，精彩的演出马上要开始了，不信？你们瞧。"

她的话音刚落，台下就响起了热烈的掌声。杨澜这番即兴的话语折服了观众，她用自己的智慧摆脱了困境，挽回了面子。她的高明之处就在于用调侃的话语对自己的失误进行了巧妙的渲染，借着演出的话题，将大家的视线转移到节目中去了。

据说，民国时期上海有位大学教授叫姚明晖，他身体瘦弱却总是穿着宽大的袍子。到了冬天，天气很冷，姚教授头戴大帽子，从远处看去只露出一副眼镜，一个尖尖的鼻子，一撮翘翘的山羊胡须，十分滑稽。

一天上课，姚教授和平时一样的装束，走进教室，只见黑板上不知哪个调皮的学生用漫画笔法赫然画了一只人面猫头鹰，而那人面画得活像这位满腹经纶的老教授。姚教授站在黑板前面看了一会儿，脸上毫无愠色。拿起了一支粉笔，一本正经地在漫画旁写道："此乃姚明晖教授之容也。"写完之后，大家笑了。姚先生也笑了。那位提心吊胆的漫画作者舒了一口气，同时也对教授产生了一种高山仰止的尊重和敬意。

当姚教授看到黑板上的漫画时，他知道那是学生们的恶作剧，是学生们在笑话他那副尊容，这时他如果冲学生们发火，那么结果只能变得更坏，自己丢的脸更大，所以他不冲学生们发火，而是自己主动地指出黑板上画的就是我姚明晖，在这种情况下，学生们只顾了笑，而忘记了他丢了脸面，并且此举还会让学生们由衷赞叹他博大的胸怀。

在我们遇到尴尬的沟通逆境时，如果能适当地使用自嘲的方式制造幽默，不仅能有效地摆脱自己的尴尬处境，也能给对方一种轻松感，从而使沟通气氛变得和谐，更有利于沟通活动的顺利进行。在日常生活中，谁都有缺点失误，难免会遭遇尴尬的处境，人们往往都喜欢遮遮掩掩。其实这样反倒使后果更糟，还不如来点自我解嘲，使得即将发生的纠纷趋于平静。

　　洛伊是20世纪80年代美国著名的影星，在这期间，她一直活跃在荧幕上。她的形象在大家心目中一直是完美的，但她在晚年的时候却日渐发胖。朋友多次邀请她一起去海滨浴场游泳，她都以各种理由推辞了。

　　一次，一位记者向洛伊提出这样的问题："洛伊女士，您是不是因为自己太胖，怕出丑才不去海滨游泳的？"

　　没想到洛伊却爽快地答道："是的。我怕我们的空军驾驶员在天上看见我，以为他们又发现了一个新古巴。"

　　所有在场的人听到后都发出了阵阵笑声。大家不自觉地鼓起掌来。

　　洛伊用自嘲的口吻、夸张的比喻化解了自己的尴尬，既没有被记者牵着鼻子走，又很好地活跃了招待会的气氛，同时还给大家留下了一个良好的印象，显示出自己豁达的心胸和人格魅力。

　　在生死攸关的时刻，自嘲甚至可以巧妙地帮人脱离危险境地。

　　中秋时节，乾隆皇帝召集群臣在御花园赏月品酒，一时兴起就想与纪晓岚对句集联，以增雅兴。乾隆皇帝自恃学富五车，才高八斗．于是出上联道："玉帝行兵，风刀雨剑云旗雷鼓天为阵。"说完之后，他以必胜的姿态注视着纪晓岚，看他如何接自己的招。纪晓岚沉思须臾，语出惊人："龙王设宴，日灯月烛山肴海酒地作盘。"

　　当然，纪晓岚的下联对得不但工整，气魄也甚为宏大，较之上联犹过之。

　　乾隆听完纪晓岚的下联，脸上的得意之色渐渐消失。真是"伴君如伴虎"啊，纪晓岚明白，如若自己胜了，那皇帝的脸面往哪放呀，还是赶快为自己打个圆场吧。

纪晓岚不愧为才子，他灵机一动，说道："皇上您贵为天子，故风雨雷电任凭驱策、傲视天下；微臣乃酒囊饭袋，故视日月山海都在筵席之中，不过肚大贪吃而已。"乾隆听完，又露出得意之色，笑着对纪晓岚说："爱卿饭量虽好，如非学富五车之人，实不能有此大肚。"

当你在与人交谈而陷入尴尬的境地时，自嘲可以使你从尴尬的境地脱身出来。自嘲不仅是豁达的表现，还是自信的表现。因为，只有有足够自信的人才敢拿自身的失误做文章，继而把它放大、夸张，最后又巧妙地引申发挥、自圆其说，博得众人一笑。

开玩笑不可过分，需把握好分寸

幽默可以调剂我们的生活，而作为其体现形式之一的开玩笑，不仅可以减少尴尬，还可以制造一种轻松的气氛，让我们在平淡的生活中过得有滋有味。但是我们知道，放调味料是有一个限度的，如果滥用，味道过重，就会让人难以下咽。所以我们在开玩笑时也要掌握好分寸。否则结果便会适得其反。

一天，正在外地出差的王先生接到朋友的电话，朋友气喘吁吁地说："你爱人出车祸了，已经被我送进了医院，你赶快回来。"王先生立刻急急忙忙赶回来。回到家中，见爱人正在和人聊天，才知道自己被朋友骗了。王先生立刻打电话给朋友，生气地说："你玩笑开得太过分了！"谁料朋友不但不为自己的行为道歉，反而说："愚人节开玩笑很正常。"王先生听后十分生气，"啪"的一声挂掉电话，此后再也不理会这位朋友了。

熟悉的朋友之间常常会相互取乐，说话也不拘小节，以体现彼此之间的亲密关系。不过，凡事总要有个度，掌握不好尺度，就会把事情搞糟。王先生的朋友只是想开个玩笑，但是拿王先生的妻子出车祸这件事开玩笑，却实在不能让人原谅，这样不仅没有给大家带来快乐，还使朋友之间的关系僵化。可见开玩笑之前，一定要清楚对象的承受能力，掌握好尺度。

张强和王凯是好朋友，他们的老婆也是好朋友，有一天，张强和王凯一起在外面吃饭，张强神秘兮兮地对王凯说："告诉你一个秘密，我和你媳妇有一腿。"王凯笑笑说："你可别胡说，我不相信。我媳妇很忠诚的。"张强说："你不信？那我告诉你，你媳妇后背上有一块红色的胎记，对吧？"王凯听后掉头就走，回去之后就要和妻子离婚。妻子不明所以，就和王凯吵起来。王凯将事情的原委都说出来了。妻子觉得很委屈，自己明明是清白的，张强怎么可以这么说呢？于是拉着丈夫怒气冲冲就来到张强家。

张强看到怒气冲冲的王凯夫妻二人，明白了是怎么回事，连忙道歉解释。原来是张强的老婆和王凯的老婆结伴洗澡，张强的老婆看到了王凯的老婆身上的胎记，回家后顺口和张强提起。张强当时酒过三巡，一时兴起就和王凯开了个玩笑，没想到把事情闹大了。

朋友之间开玩笑是件很平常的事，但张强开的玩笑却是一个敏感话题，而且对象还是朋友之妻。而即使是再亲密的朋友，也难以承受如此戏谑，因此才产生了那么大的误会。我们开玩笑的初衷是为了快乐，如果把握不好这个度，就会给自己带来不小的麻烦。

一天，小张和妻子一起逛街，遇到一位朋友，这位朋友平素爱开玩笑。他见到小张后就故意问："这位女士是谁啊？"小张说："是我妻子呀。"朋友又问道："那你上次带的那个女的是谁啊？"小张的妻子一听，生气地说道："没想到啊，你还有外遇了，我要和你离婚。"说完甩袖而去。小张赶快追去解释，可妻子说啥也不信，一直闹着要离婚。最后，小张的朋友亲自过来向他的妻子解释才平息了这场风波。

可见，乱开玩笑可能会给别人带来很大的麻烦，有时过火的玩笑甚至会造成无法挽回的后果。生活中，我们常会用开玩笑来调节气氛，但是一定要注意把握住分寸、对象、场合，否则玩笑也可伤人。

那么，如何掌握好开玩笑的分寸呢？

1. 内容要高雅

开玩笑是运用幽默的语言有技巧地进行思想和感情交流的艺术，这就要求语言必须纯洁、文雅。笑料的内容取决于开玩笑者的思想情趣与文化修养。内容健康、格调高雅的玩笑，不仅给对方以启迪和精神的享受，也是对自己美好形象的有力塑造。如果开玩笑时污言秽语，不仅使语言环境充满污浊的气味，对听者也是一种侮辱，至少也是一种不尊重。同时也说明自己水平不高，情趣低俗。

2．态度要友善

与人为善，是开玩笑的一个原则。开玩笑的过程，是感情相互交流传递的过程，是善意的表现。如果借着开玩笑对别人冷嘲热讽，发泄内心的厌恶、不满的情绪，甚至拿取笑他人寻开心，那么除非傻瓜才看不穿。也许有些人不如你伶牙俐齿，表面上你处于上风，但其他的人会认为你不尊重他人，从而不愿与你交往。这样，你失去的是更多的朋友。

3．要因人而异

同样一个玩笑，能对甲开，不一定能对乙开。人的身份、性格、心情不同，对开玩笑的承受能力也不同。

一般来说，后辈不宜同前辈开玩笑，下级不宜同上级开玩笑，女性不宜同男性开玩笑。在同辈人之间开玩笑，则要掌握对方的性格特点与情绪信息。

对方性格外向　能宽容忍耐，玩笑稍微过大也能得到谅解。对方性格内向，喜欢琢磨言外之意，开玩笑就应慎重。对方尽管平时生性开朗，但恰好碰上不愉快或伤心事，就不能随便与之开玩笑。相反，对方性格内向，但正好喜事临门，此时与他开个玩笑，效果会出乎意料的好。

4．要分清场合

在开玩笑时一定要看清场合，看这种场合是否可以开这种玩笑。一般来说，严肃静谧的场合，言谈要庄重，不能开玩笑。而在喜庆的场合，则要注意所开的玩笑能否使喜庆的环境增添喜悦的气氛，如果因开玩笑使人扫兴就不好了。总体来说，在庄重严肃的场合不宜开玩笑，否则极易引起误会。

工作时间　一般不宜开玩笑。以免因注意力分散影响工作，甚至导致事故的发生。

5. 要避开忌讳

开玩笑通常需要注意的禁忌主要有以下几点：

和长辈、晚辈开玩笑忌轻佻放肆，特别忌谈男女之事。几辈同堂时开玩笑要高雅、机智、幽默、乐在其中。在这种场合，忌谈男女风流韵事。

和非血缘关系的异性单独相处时忌开玩笑。哪怕是正经的玩笑，也往往会引起对方的反感，或者会引起旁人的猜测非议。

和残疾人开玩笑，注意避讳。人人都不喜欢别人拿自己的缺陷开玩笑，残疾人尤其如此。俗话说，不要当着和尚骂秃头，癞子面前不谈灯泡。

总之，玩笑可以让我们的生活更加多彩，但一定要掌握分寸，适可而止才能活跃气氛，增进彼此之间的友谊。

第七章 注重沟通细节，轻松赢得好人缘

千里之堤，溃于蚁穴。一些细节看起来不起眼，如一句朴实的话语、一个专注的眼神、一次小小的让步，却可能对沟通产生重大的影响。从细节做起，你的沟通成效会立刻得到提升，从而轻松赢得好人缘。

称呼得当，别人才愿意跟你交往

与人沟通，称呼必不可少。怎么称呼别人，不仅是一个基本的礼貌问题，也是一个交际中的礼仪问题，同时也反映出说话人与被称呼者之间的关系。

从人的心理角度来说，人都有自尊心，许多人还有爱面子的情结，很在意别人怎么称呼他。如果你称呼得恰当，对方就会很受用，就会产生深交的愿望；如果你称呼不当，对方就不会舒服，在与你的交往中就可能敷衍应付。

所以，在交往中，称呼别人不是为了满足自己，而是为了满足对方。如何恰当地称呼对方要引起足够的重视。

称呼大致分为三类，包括亲属之间的称呼、熟人之间的称呼、对陌生人的称呼。

1. 亲属之间的称呼

亲属之间，应该按我们传统伦理上的习惯为准。面对长辈应以亲属称谓相称，如奶奶、妈妈、姑姑等。一定不要直呼长辈的姓名，包括身份、职业，这都是不礼貌的。面对平辈，可相互用亲属称谓或加排行序列称谓相称，如哥哥、妹妹、三哥、三妹等。夫妻之间可以姓名相称，俩人在一起时，可用昵称，但不宜在公共场合用。年长的平辈可直接称呼年少者的名字，若年少者已成年，则用亲属称谓较为礼貌。对晚辈，可称呼其亲属称谓，也可直呼其名，这样显得亲切。

2. 熟人之间的称呼

对关系较密切的熟人，可以采用亲属称谓相呼。根据对方的性别、年龄、身份等来确定相应的称呼，还可以"姓加亲属称谓""名加亲属称谓""姓名加亲属称谓"称呼，如"王奶奶""刘青姐"等。

在一些正式场合，可以称呼熟人的职务、职业，也可以"姓加职务或职业称谓""名加职务、职业称谓""姓名加职务、职业称谓"相称。如"赵厂长""保林校长"等。

年纪较大、职务较高的人对下面的年轻人可以直接称呼姓名，显得更亲切。反过来就不宜这样称呼，如果对年纪较大、职务较高的人直呼姓名，则显得不礼貌，让被称呼者感到尴尬。

不称姓而直呼其名，是最亲切、最随便的一种称呼。但这只限于长者对年轻人、上级对下级或关系亲密的人之间，没有这种特殊关系而直呼人家的名字就不礼貌，甚至还会令人反感。

朋友、同学、同事之间，因为相处时间长了，称呼可以随便一些，可在姓氏前加"老""小""大"等，如"老彭""小陈"等。在人的亲属、职称、身份等称谓前加上"老""大"等词，是更为尊敬的称谓，如老厂长、大姐等。对德高望重的老年人，可以在姓后加"老"字，如"李老""张老"等，这种称呼是很恭敬的。

3. 对陌生人的称呼

对陌生人的称谓，可以采用一般的通称，也可以按照亲属之间的称呼。

对男人一般可以称"先生",未婚女子称"小姐",已婚女子称"夫人",若已婚女子年龄不是太大,叫"小姐"也可以,而称未婚女子为"夫人"就不合适了。所以,宁肯把"太太""夫人"称作"小姐",也绝不要冒失地称对方为"夫人""太太",一般来说,成年的女子都可称为"女士"。

如果你想让彼此的关系显得亲近一些,可以采用亲属称谓相呼。可根据对方的性别、年龄等情况,以父辈、祖辈、平辈的亲属称谓相称,如"大伯""阿姨""大娘""大嫂""小姐姐"等。称呼对方"大嫂"还是"小姐姐"时,必须谨慎从事,因为对方婚否不好确定,在没有把握的情况下,称"小姐姐"比较稳妥。

以上是一般情况下对别人的称呼,但是具体在实际中,又要考虑很多因素。在不同的场合,对不同的人,一定要具体问题具体分析。在称呼别人的时候,要考虑到下面几种情况:

第一,要注意民族、地域的差异。

各个不同的国家、民族对人的称呼都有各自一些独特的习惯。在日本,对妇女也可称"先生",比如"由美子先生"。汉语中的称呼相对于其他民族语言中的称呼语要复杂得多,不仅要看人的性别、辈分、年龄,还要区分敬称和谦称。而有的民族语言就没这么讲究,如英语中的"aunt"翻译成现代汉语可以是"姨母、姑母、伯母、叔母"等。各个民族有不同的称呼习惯,在实际运用中,要遵从各民族的习惯,这也体现了对别人的尊重和礼仪,否则就会让别人产生不快,甚至闹出笑话。

在称呼别人的时候,还要注意地域之间的差异。不同的地域，不同的生活习惯，形成了各种方言，所以还要注意方言间称呼的异同。比如在大陆用得最广泛的"同志"称谓，在港澳台几乎从来没有这个概念，所以与他们打交道，不宜用"同志"这一称呼。

第二，要注意口语和书面语的区别。

口语相对于书面语而言，显得通俗、随便，更为亲切，而书面语则显得正式和庄重。在现代汉语中，同一个对象，可有口语和书面语两种不同的称呼，如在口语中称呼爸爸，而用书面语则为父亲。在口语中，如果面对称呼对象时，运用书面语中的称呼语就显得生硬、不自然、不亲切。但是，在口语中，书面语中的称呼语可以作为他称用语出现，如"我的祖父""你的母亲"等，要视具体语境来定。

第三，要注意语言环境和称呼对象的不同。

在日常生活中，对我们比较熟悉的人，我们对其称呼就可以随便一点儿，甚至可叫别人绰号，夫妻、恋人之间私下里还可用昵称，这样显得比较亲切，还可以增进彼此之间的感情。但在公众场合，尤其是在会场上这些比较正式的场合，叫别人的小名、绰号，就会显得不严肃、太放肆，应当以"某同志"或"某同学"相称。对不太熟悉的人，对长辈、领导和老师，也都不宜用"小名"和"绰号"，否则，就会显得不尊敬。所以，运用称呼语时，应特别注意语言环境和称呼对象，灵活使用。在不同的语境中，对不同的称呼对象，应运用适当的符合人身份、地位及体现与自己恰当关系的称呼语。

记住他人的名字，能迅速赢得好感

现代社会，人们的交往频繁而短暂，我们每天都会在线上线下和很多陌生人打交道。戴尔·卡耐基说："一种既简单又最重要的获取他人好感的方法，就是牢记别人的姓名。"的确如此，对于任何一个人来说，别人能记住自己的名字，是对自己的关注，更是在无意间拉近了双方的距离。这就是一种感情投资，甚至会带来意想不到的效果。

人们都渴望获得他人的尊重，而记住别人的名字，则会让人有受尊重的感觉。叫出对方的名字就等于跟对方说"我很重视你""我很欣赏你"等，这样会让对方也对你产生好感。记住对方的名字，并且能很轻易就叫出来，等于给予别人一个巧妙而有效的赞美。若是把人家的名字忘掉或搞错了，就会无形中拉出一段距离。

有时候要记住一个人的名字真是不容易，尤其是当它不太好念时，一般人都不愿意去记它，心想：算了！就叫他小名好了，而且容易记。锡得·李维拜访了一个名字非常难念的顾客。他叫尼古得玛斯·帕帕都拉斯。别人都只叫他"尼克"。李维说："在我拜访他之前，我特别用心地念了几遍他的名字。当我对他说：'早安，尼古得玛斯·帕帕都拉斯先生'时，他简直呆住了。过了几分钟，他都没有答话。最后，眼泪滚下他的双颊，他说：'李维先生，我在这个国家十五年了，从没有一个人会试着用我真正的名字来称呼我。'"

姓名是个人的符号，它蕴含着人类的自尊、个性与自由。人们在随手写字的时候，总是信笔写下自己的名字，就证明了这一点。尊重一个人莫过于尊重他的名字。

安德鲁·卡内基是有名的钢铁大王，但他对钢铁制造知之甚少，却大发其财，正是得益于他巧妙地对"名字"加以运用。例如，他希望把钢铁轨道卖给宾夕法尼亚铁路公司，而艾格·汤姆森正担任该公司的董事长。因此，卡内基在匹兹堡建立了一座巨大的钢铁工厂，取名为"艾格·汤姆森钢铁工厂"，这样使他成功了。

这个方法大灵验了！卡内基一辈子也忘不了。

多数人不会特意去记别人的名字，只因为不肯花必要的时间和精力去专心地、重复地、无声地把这些名字根植在自己的心中。他们为自己找出的借口是：我太忙了。

但他们可能不会比富兰克林·罗斯福更忙，而他都能花时间去记忆，而又说得出每个人的名字，即使是他只见过一次的汽车机械师。

一名政治家所要学习的第一课是："记住选民的名字就是政治才能，记不住就是心不在焉。"

记住他人的姓名，在商业界和社交上的重要性，几乎跟在政治上一样。

法国皇帝，也是拿破仑的侄子——拿破仑三世得意地说，即使他日理万机，仍然能够记得每一个他所认识的人。

他的技巧非常简单。如果他没有清楚地听到对方的名字，就说："抱歉，我没有听清楚。"如果碰到一个不寻常的名字，他就说："怎么个写法？"

在谈话的时候，他会把那个名字重复说上几次，试着在心中把它跟那个人的特征、表情和容貌联系在一起。如果这人对他是重要的，拿破仑三世就更费事了。在他独自一人时，他会把这人的姓名写在纸上，仔细地看、记。

能够牢记结识的所有人物的姓名，是一项重要的人际交往能力。即使是只有一面之缘，如果你随时随地能够准确地叫出他的姓名，是对他最大的恭维和赞赏。

名字能使人出众，它能使他在许多人中显得独特。只要我们从名字着手，把它当成一项感情投资，把它变成一种习惯，你就会在人际关系中占据有利的地位。

恰当的语调和语气，能增加你的信赖感

俗话说得好："一句话能把人说笑，也能把人说恼。"在沟通中，千万不要小觑语调和语气的作用。同样一句话，用不同的语调、语气会表达出完全不同的意思。它就像是一个人的表情，能让对方直接看到你的反应，进而揣测你的真实意思。那些能把人说"笑"的语言，通常是柔和甜美的。从古至今，和气待人被视为一种美德。使用柔和的语言基调是最值得提倡的一种交际方式。

莎士比亚说："要是你想要到达自己的目的地，你必须用温和一点的态度向人家问路。"柔和的语言基调，是每个人都乐意听到的，也是每个人必须追求的，尤其是刚步入社会的大

学生，现在社会竞争压力大，年轻人也都是满腔热血，遇到什么事有时候不懂忍耐，说话时的腔调也会变得很生硬，这样很难被人接受，同时也削弱了沟通的有效性。反之，语调柔和、语言含蓄、措辞委婉的说话方式会使对方感到亲切和愉悦，使交谈更容易进行下去，往往能收到意想不到的效果。这些是年轻人最应该注意的，尤其是做销售工作的人。因为柔和更易于入耳生效，往往具有以柔克刚的征服效果。

一位家电商场的营业员遇到一位十分挑剔的女顾客。该顾客在几个剃须刀之间选来选去，选了将近一个小时还没选好。营业员因为顾客太多不得不去照顾其他顾客。这位女顾客觉得自己受到冷落，就大声指责说："你们这是什么服务态度，没看见我先来的吗？应该先为我服务，我还有急事。"

营业员赶快安排好其他顾客后说："请您原谅，我们店里生意太忙，对您服务不周到，让您久等了。"营业员诚恳的态度和温柔的语言，让那位女顾客的脸一下子红了，转而难为情地说："我的口气也不好，请你原谅。"

这位女顾客感觉受了冷落，情绪激动，如果营业员和她较真儿，后果一定不容乐观。其实，有理不在声高，不是把话说得咄咄逼人才有分量，充满尊重、宽容和理解的话语会产生一种感化力量，引起对方心理的变化，使事态朝着较好的一面发展。多使用谦辞、敬辞、礼貌用语，多用一些褒义词、中性词，语气上尽量委婉，是说话时应遵循的原则。

另外，当你和他人意见不合，又想坚持己见时，万万不可对他人讥讽嘲笑，横加指责，而应委婉地表达自己的坚定立场，这样才能避免冲突，并收到良好的效果。

1940年，处于前线的英国已经无钱从美国"现购自运"军用物资，一些美国人便想放弃援英，他们没有看到唇亡齿寒的严重事态。罗斯福总统在记者招待会上宣传《租借法》以说服他们，为国会通过此法成功地营造了舆论氛围。

一开始，罗斯福并不是直接指责这些人目光短浅，因为这样除了会触犯众怒收到适得其反的结果外没有任何作用。这时候的罗斯福语重心长地向大家讲解了事情的利害关系。他用通俗易懂的比喻，深入浅出地说明理由，点中要害，人们不得不心悦诚服。这时候的罗斯福是妙语连珠、以理服人。他说："如果我邻居家失火了，在四五百英尺以外，我有一截浇花园的水龙带，若给邻居拿去接上水龙头，就可能帮他把火灭掉，火势也就不会蔓延到我家，这时，我该怎么办呢？我总不能在救火之前这么跟他说吧：'喂！伙计，这管子是我花15美元买来的，你得照价付钱。'而这时，邻居又刚好没钱，那该如何是好呢？我应该不要他的15美元，而是让他在灭火之后还我水龙带。如果火灭了，水龙带还完好，那他就会连声道谢，并物归原主。而如果他因救火弄坏了水龙带，但答应照赔不误，现在，我拿回来的是一条仍可用的浇花园的水龙带，这样也不吃亏。"

罗斯福总统援英的决心非常坚定，但他并没有直接表达这种强硬的态度，而是用通俗的比喻来表明自己的真实想法，从而达到了较好的说服效果。

恰当运用语调和语气有助于建立起别人对你的信赖感。在与别人沟通时语气一定要轻松自然，使人产生亲切感；而语调的高低则要视情况而定，最好能与对方的语调保持一致。不要用满不在乎、含混不清的语气说话，这样会让别人觉得你不够真诚；不要用反问、讽刺、鄙视、训斥的语气说话，这样会使人感到厌烦。在讲述一些重要的事情时，要加重语调，以给人留下深刻的印象；在想要唤起别人的注意时，可以压低声音，这会给对方以神秘感。

每个人微妙的心理变化都可以通过语气来传达，所以，在沟通时，我们要端正自己的心态，改掉直率表露的习惯。我们在语调上的高低变化则可以传达一些重要的信息，语调高的地方就是我们要说的重点，把握好说话的语调，可以让别人更清楚地明白你说的话的意思，比如，我们在劝导别人时，要以征询的口气征求对方的意见，委婉向含蓄地规劝对方，引领其改正错误；在与别人解释问题时，要尽量用第一人称来叙述，平静地表达自己的观点；在与别人谈论事情时，应该多提起对方，少提起自己；谈话时语气应当和缓委婉，不但能给人以轻松的感觉，还能使人产生信赖的心理。

当你心情不平静时，你的语调肯定也会受到影响。从一个人的语调可以看出他是一个什么样的人，是一个令人敬佩且幽默的人，还是一个阴险狡猾的人。每个人都具有不同的性格特征，我们可以从他说话的语调中看出来。

语气和语调的具体使用方法如下：

（1）明朗、低沉、愉快的语调最能吸引人。

（2）发音要清晰，这样才能让别人听懂你的意思，简单明了地表达自己的观点。

（3）语速要适当，恰如其分。要依据场面的氛围来决定自己的语速。感性的场面语速可以适当加快，理性的场面语速应相应放慢。

（4）语调要适中。语调经常过高会引起别人的反感，太低则表明信心不足，而且难以说服别人。

（5）要配合适当的笑声，让别人知道你的情绪。

（6）注意措辞，要尽量高雅，发音要准确，并有抑扬顿挫的美感。

我们在平时要多加练习，注意自己的语气和语调，久而久之，我们也会成为受欢迎的人。

根据关系疏密，把握准距离远近

一位心理学家做过这样一个实验：在一个刚刚开门的大阅览室里，当里面只有一位读者时，心理学家就进去拿椅子坐在他（她）的旁边。试验进行了整整80人次。结果证明，在一个只有两位读者的空旷的阅览室里，没有一个受试者能够忍受一个陌生人紧挨着自己坐下。

在非语言沟通中，空间距离可以显示人们之间的不同关系。对于不同国家的人而言，空间距离有着不同的意义。有趣的是你往地球越北端行进，你会发现人与人之间的空间距离越大。而越往南走，人与人之间越亲近则越舒适。一个英国人与人交谈时则希望保持一定的距离；阿拉伯人在与人交谈时你几乎可以感觉到他的鼻息；而日本人在大笑时总是要捂住嘴以免气息触及对方。

在人际交往中，当你无意侵犯或突破另一个人的空间范围圈时，对方就会感到厌烦、不安，甚至引起恼怒。一般来说，交往双方的人际关系以及所处情境决定着相互间自我空间的范围。

美国空间关系学之父、人类学家爱德华·霍尔将人们交流时，下意识同别人保持的空间位置划分为四个区域：亲密距离、个人距离、社会距离和公共距离。这四种距离又都有远近之分。

1. 亲密距离

亲密距离的近距离是指肌肤能够接触的距离，而远距离则是指两个人身体保持1550厘米的距离。这种亲密的距离多出现在情侣、要好的朋友之间，或者是孩子抱住父母及其他人时。如果某些情况使得一些不太熟悉和不太亲密的人不得已要保持在这种距离中而没有任何能保护他们的非言语的屏障，那么他们会觉得很尴尬，同时感到自己受到了威胁。想想在拥挤的汽车或电梯中，我们是如何避免眼神接触和交流或者是选择转身离开的。当不可避免地碰到彼此时，又变得如何紧张不安。即便相互之间有眼神的交流，这种交流也是短暂的，并且通常会很有礼貌、毫无冒犯意思地笑一笑。

2. 个人距离

个人距离中的近距离为4575厘米，这是在聚会中交谈的最佳距离，正好能相互握手，亲切交谈，你会很容易接触到同伴。而远距离则是75120厘米的距离，这个距离能让你私下地讨论一些问题而避免接触到彼此。你和朋友会自觉地保持一臂的距离。

3. 社会距离

社会距离的近距离为12~21厘米，这通常是你跟客户或者服务人员进行交流时保持的距离。这种距离经常用以显示某人的主导地位。一位站着的主管会同坐着的员工们保持这种距离，来显示他更高的地位。社会距离的远距离为21~37厘米，这种距离会被频繁地用于正式的商务谈判或社交场合中。公司的老板常常会坐在桌子后面同员工们保持这种距离，甚至从他所坐的能够注视到每位员工的位置来看，都可以体现出他更高的地位和身份。在一个开放式的办公室，以这种距离来进行位置的布局也是非常有用的，它可以让员工们不会因为无法同旁边的同事交流而感到自己被忽视，从而更好地工作。

在社交距离范围内，已经没有直接的身体接触，说话时，也要适当提高音量，需要更充分的目光接触。如果谈话者得不到对方目光的支持，他会有强烈被忽视、被拒绝的感受。这时，相互间的目光接触已是交谈中不可缺少的感情交流形式了。

4. 公共距离

公共距离的近距离是37~76厘米，这种距离通常会用于相对不是很正式的集会中。比如，教室中老师和学生之间的距离，或者老板跟一群员工讲话时的距离。远距离为7~6米或者更远的距离，通常是政治家、知名人士同其他人保持的距离。

对于这几个区域范围大小的界定，即使相同文化背景的人也会有一些个体的差异。当不同的人进入不相对应的区域时，也会让人觉得不舒服。霍尔的四区域模型只能作为一般性的指导和参考。

加根定律：送礼贵在不露痕迹

过去，不管谁得到礼物都很高兴，而同时对送自己礼物的人也大都会产生好感。就像男性为了讨女性的欢心，通常都会送对方礼物。

但接受对方送礼，有时会使自己有种沉重的欠债感。尤其是对那些不喜欢的人送自己昂贵的礼物，因为无法配合对方的好感，最后只能不接受或干脆将礼物退回。

但近几年来，有些女性的心态有了很大的转变。认为即使没好感，但接受他礼物也无妨的女性增加了不少。女性会根据"这个人适合做丈夫""这个人适合做男朋友"的感觉，因时因地选择适合自己的男性，这时礼物就会无法发挥效果了。

按照送礼引起受礼者心中的义务程度，就可以预测出对赠送礼物者的魅力度。义务越大的话，对接受者的魅力就会减少。虽然可以收下礼物，但必须要回送给对方同等价值的礼物。想到此处，不但不会觉得高兴，反而会心情沉重。虽然不是义务，但是可能会产生一种情绪的负面反应。例如，免费供应会破坏馈赠者与接受者双方关系的平衡。

接受者认为必须要回赠对方，但又办不到，无法解决这个问题而会持续紧张。

如果送礼的人说："这只是一点小心意，不是什么贵重礼品！"就算没有义务要回送给对方，但对赠送礼物的人也会产生疑惑感。根据研究显示，这种无偿的援助或礼物会使人心想："小心有诈！"

互赠礼物或互惠的交换会使人感到压力。从别人那儿得到东西，就必须要回报同等之物，不论在精神或物质上，如果没有这层借贷的关系，应该可以使人际关系更顺畅。

此外，受礼者努力援助的程度如何，也能反映出对赠送者的好感和魅力度。加根等人想用实验证明以上关于赠送礼物的反应。为了解答赠送行为的一般倾向，因此选择了资本主义盛行的美国、崇尚社会主义的瑞典以及具有强烈恩义传统的日本三个国家为实验对象。

因国情的不同，得到赠礼时的反应也不同。实验由各国各自挑出60人，总计180名大学男生（18~23岁）。6人为一组，给每人40张兑换券（相当于4美元）玩游戏，并告诉他们在游戏结束之后，可以凭所持兑换券换取等值的现金。

在游戏过程中，必要时可通过实验者与其他人员互相沟通，但是不能直接和对方说话交谈，然后开始游戏。

当然因为是实验，所以游戏也是被操控的。在进行几次游戏以后，大家所剩的兑换券都只有12张了，所以每个人都认为自己的成绩最差。这时参加者会面临完全输光兑换券的情况，如果没有兑换券就必须退出比赛。这时他会收到一封信里面放了10张兑换券和一张便条纸。这是实验者故意设计的，让其认为这是来自其他5人中的任一人处的赠礼。

在便条纸上则写下下列三项中的任一条件：

（1）我不需要了，所以你不必送还给我（低义务条件）。

（2）请使用这些兑换券。如果比赛获胜，有多余的兑换券，再还给我就好了（同一义务条件）。

（3）提供你的兑换券，请加上利息再还给我（高义务条件）。

便条纸上写着赠送者的座位编号，以及所持有的兑换券张数（可能是6张或2张），被赠送者借此可以知道赠送者为高资产者或低资产者。

实验结果，义务条件与赠送者的魅力度之间的关系具有一定的曲线关系。美国人和日本人对同一义务条件的赠送者最能感受到魅力，而瑞典人则对高义务条件的赠送者感受到最大的魅力。

在赠送者的资产条件方面，三个国家都是对低资产条件的赠送者较感受到魅力。其中日本学生对资产条件的不同相当敏感，随着资产条件的升高，魅力度也会减少。

也就是说，大家都希望赠送者与自己之间能维持均衡关系，因此对于同一义务条件最能感受到魅力。

在此值得怀疑的是免费的赠礼。以单纯想法来思考的话，既然不需要归还，应该相当感激才对，但一般人却对此具有否定的看法。

这就是先前已经叙述过的，得到对方赠礼时会形成一种借贷关系，这种精神紧张很难消失，同时会对赠送者的意图感到怀疑，担心对方可能有什么诡计，抱持着警戒之心，才有这样的表现。

日本人与美国人对赠礼的看法相似，但日本人的曲线高低相当极端。这是因为日本自古以来送礼的文化相当发达，得到东西时经常要回赠同样程度的礼物，而且价值绝对不要超过或低于所得到的东西，要保持微妙的平衡。

赠礼除了能确认亲密度之外，想要维持亲密关系，还必须回赠相同价值的礼物。如果没有回礼或送了较差的东西，就表示想要放弃这种亲密关系。

美国虽然不像日本这么极端，但也是属于山形曲线的。也就是说，美国人对赠礼的想法其实与日本人是非常相似的，所以日本人和美国人比较容易相处。

高义务条件（借得的东西必须加上利息偿还）最让瑞典人感受到魅力，这实在令人费解。到底是由单纯的文化或社会制度所造成的，还是有别的理由呢？也许颇具有研究的价值！男女关系中，如果希望这个人喜欢你，而想要送礼物给对方时，很多人都会倾向送比较昂贵的东西，可能是认为越昂贵的礼物越能传达赠送者的心情吧！

但如同先前所述，事实上并非如此。送礼最重要的是要让对方感觉："这个东西收下也无妨！"对方能接受，再循序渐进地送昂贵礼品较好。

但如果对方特别钟情于贵重礼物的话，那就不包括在先前讨论的范围内了。

为什么人们不喜欢无偿援助呢？

先前介绍过，无偿援助会让人担心可能有诈。这个实验也证明这类行动容易被视为贿赂，而遭到拒绝。但如果不是贿赂，而是属于正常的相互往来关系，也就是授受关系成立时，就算得到赠礼也不会产生抵抗感。

贿赂原本是指得到对方的金钱或物品时，利用自己的立场或权力，使送礼者得到某些方便，或提供特别的利益等。但若无法证实这种因果关系的话，那么贿赂就只是单纯的赠礼而已！

为了避免赠礼表现得太露骨，因此常以演讲费或稿费等名义来代替。如此一来更能合理化，而且也能够消除抵抗感。当然赠送者有事情拜托时，接受者也会了解这一点。也许在某种程度下或隔段时间后，会以另一种形式接受对方的赠礼也说不定。

此外，接受者和赠礼者的关系如果太过清楚的话，将会使接受者有一种卑屈感。例如，对方给你钱又不要你归还，接受金钱的人往往会产生一种卑屈的感觉。根据实验显示，一般人普遍不喜欢接受高资产者的援助。

单因接触效应：增加曝光你就赢了

单因接触效应又叫多看效应、曝光效应、接触效应等，它是一种心理现象，指的是人们会偏好自己熟悉的事物，某样事物出现的次数越多，对其产生的好感度也越高（当然前提是这件事物首次出现没有给人带来极大的厌恶感）。社会心理学又把这种效应叫作熟悉定律。

对人际交往吸引力的研究发现，我们见到某个人的次数越多，就越觉得此人招人喜爱、令人愉快。但在人际关系上，为了获得对方的好感，难道只是接触次数增加就足够了吗？

曾经有一个有趣的实验，实验方法是准备12张某大学毕业生的大头照，然后随便抽出几个人的照片并让学生们看这些照片。开始实验时，对这些学生说明："这是一个关于视觉记忆的实验，目的是测定你们所看的大头照，能够记忆到何种程度。"而实验的真正目的，则在于了解、观看大头照的次数与好感度的关系。

观看各大头照的次数为1次、2次、5次、10次、25次，按条件各观看两张大头照。随机抽样，总计86次。

实验结果证明，接触次数与好感度的关系成正比。也就是说，当观看大头照的次数增加时，不管照片的内容如何，好感度都会明显增加。

最能有效活用这种单因接触效应的就是电视广告。刚开始觉得无聊的广告，每天多看几次，就会渐渐觉得有种"亲切"之感。连续剧也是如此。没有看过的人完全不感兴趣；一旦持续观赏之后，每天没看到主角，似乎就会觉得情绪有些不稳定。像新闻主播或主持人也是同样的，每天看就会逐渐产生好感。

因此，演艺人员的人气虽然与个人的个性或演技有关，但大多和电视上出现的频率多少有密切的关系。如果在电视上露脸的频率较高，观众自然对有较多单纯接触的演艺人员产生好感。从这种意义上来看，人气的确是可以制造出来的。

但单因接触效应还必须有一个先决条件，那就是一定要有较好或者不坏的第一印象。第一印象不好，就算日后再见多少次面，单纯接触的效果也无法发挥作用。就像我们每天在公司或学校中会遇到很多人，如果无条件地应用"单因接触效应"的话，按道理可能会喜欢所有的职员或同学了吧！但实际上并不是如此，应该还有几个讨厌的上司或同事、同学。

实际运用这个研究所产生的效果的推销员，如果第一印象不好，则不管再去拜方几次，对方也无法从内心接纳你，因此，一定要先建立良好的第一印象。

虽然服装等打扮和说话的技巧是重要的要素，但是若请教一些高明的推销员，他们都会告诉你，给顾客带一些所需要的信息去比较容易建立良好的第一印象，生意反倒是次要的了。例如对方在玩股票，如能给他提供一些有关股票的信息，定能吸引对方的关心，最后使他认识自己的存在。反复几次后，单因接触效应就能发挥作用。对方一旦对自己产生了好感，就能顺利地将产品推销出去。

换言之，如果这种熟知性无法发挥作用的话，对方就不会产生关心或好感。所以，平时在公司或学校光是擦肩而过是不行的，应该出声打招呼，让同事或同学认识自己。

十个沟通细节，助你赢得好人缘

优雅、得体的谈吐可以帮助你在社交场合中游刃有余，尽显魅力，展现深厚的涵养，充分展示你的自我风采，迅速走进他人的心灵世界，受到他人的尊重和爱戴，成为人际圈里的焦点人物。好人缘是一个人的巨大财富。有了它，事业会顺利，生活会如意。下面十个小细节，可以助你一臂之力。

1. 见人主动打招呼

小张性格清高，从不主动和别人打招呼，每次遇到熟人也总是点点头而已。大学毕业前夕，每个同学都有几个好朋友聚在一起依依惜别，只有他一个人孤零零地无人理睬。

参加工作后，他依然如故，总是一副冷漠的表情。有一天，他在路上碰见了同事小崔，看到对方满面春风的样子，他就随口问了一句："小崔，是不是有什么喜事啊？这么高兴？"

小崔兴奋地回答："是啊，我马上就要结婚了。"

小张客气了一句："是吗？恭喜啊。需要帮忙吗？"

没想到小崔想起小张字写得好，就说："小张，你的字写得好，能不能帮我写几份请帖？"

"当然没问题了。"小张回答，"举手之劳嘛！"

事后，小张和小崔成了很好的朋友。尝到甜头的小张从此也变得开朗、热情起来，见了别人总是主动打招呼，人缘也越来越好。

2. 不要询问对方的家庭背景

和人交朋友最好不要打听人家的家庭背景。询问对方的家庭背景，这在我们中国其实倒也普遍，但是社会在发展、观念在进步，现代人觉得，总是询问别人的家庭背景是不礼貌的，也显得过于势利。

尽管不问家庭背景、收入这一交际原则在欧美已经是基本的礼仪，可是我们还是经常能碰到一些不知趣的人总是爱询问这个问题，让人答也不好，不答也不好。尤其是对于爱面子的人来说，收入水平有时候关系着自己受别人尊重的程度，说自己的收入很高吧，伤了别人的自尊心，甚至让人眼红忌妒；要说自己收入很低吧，别人又觉得自己没本事。所以，设身处地来讲，这个问题还是不要问得好。这也是关乎个人修养的问题。

3. 让朋友们了解自己

小静人不错，工作也很努力，但是在公司人缘始终不是太好。原来，她从来都不在同事们面前谈论自己的事，同事们甚至连她有没有男朋友、结没结婚都不知道。平时大家在一起七嘴八舌，有的谈自己在家里如何跟姐妹兄弟吵架，有的谈自己老公这样那样的小毛病，有的谈自己周末和朋友买了什么什么东西。可是小静呢，总是闭口不谈自己的私生活，神神秘秘，只是聊聊一些无关痛痒的公共话题。所以，久而久之，大家觉得她不敞开心扉，难以接近，也难以了解，自然都跟她不亲密了。

有时候，向别人讲述一些自己的情况可以增进了解、增加亲密感，从而消除那些由于陌生而带来的距离感。像老公睡觉打呼噜啊、儿子上学偷偷交女朋友啊、女朋友耍小脾气啊，等等，都可以拿来说一说，一来可以让别人更了解你的喜怒哀乐，二来可以让别人帮忙一起讨论解决的方案，三来让别人认为你性格直爽，为心敞亮，何乐而不为呢？当然，我们是要透露一些无关是非的小秘密，但千万不要卖弄隐私，也不要把别人的隐私拿来嚼舌头。

4. 在细节之处表示体贴

对对方的情绪、生活工作状况表示关心会很容易赢得好感。当然，关心不能过分，超越两人的关系，也不能借此探询别人的隐私。

甲：怎么你看上去好像很累？

乙：哦，可能昨天睡得晚了。

甲：是吗？那你待会儿躺床上睡一会儿吧。到我家不用客气！

乙：呵呵，谢谢，没事的。

甲：来，要不先吃点菠萝，清爽点儿！

乙：嗯，好的。

5. 大方接受别人的善意

小王和同学李雪经人介绍去拜访一位仰慕已久的老师。到了老师家里，师母亲切热情地给他们一人拿了一个苹果。因是初次上门，小王有点不好意思，所以再三推辞后接过水果放在桌角。热情的师母看了看他没说什么，不过，却同接过苹果就吃的李雪聊起了家常。

吃掉主人的东西是对其热情款待的这份心意的一种最好的肯定，也显得不生分。其实，像这样的情景随处可见，比如去朋友家做客，在咖啡店里碰上朋友，他们会热情地招呼你入座，然后请你吃东西。这时候最好别不好意思，不如大大方方地接受，他们若是真心的，你接受了就表示你接纳了他们的热情，他们会自然地感到你的亲切与随和。

6. 目送朋友离开

那天晚上，杜鹃从朋友家里出来，朋友说："我送送你吧！"她推辞说不用了，朋友就没有再送。在她走下第三级楼梯时，杜鹃听到防盗门"咣当"一声关上了，她的心顿时一片冰凉。从此，她再见到那位朋友总觉得有一层隔膜。

目送朋友离开或者一起下楼不仅是出于礼貌，也体现了彼此情感的交流。如果有朋友到你家做客，朋友起身告辞，尽管朋友口中再三说不用相送，但是如果你陪他一起下楼，这一小小的细节会照亮他回家时漫长的道路，从此他心里就会记住你的盛情。不过，应注意的是，热情不可过度，如果客人是一对正处于热恋中的朋友，而他们也再三不要你相送，你只需在看不见他们的身影时轻轻关上门就可以了。

7. 及时通告信息

孙蓝和吴轩同租一个房间，情如姐妹。每次孙蓝有事出去，如果吴轩不在，她都会写一张条子或发个短信告诉她，例如："今天下班公司聚餐，晚上不回来吃饭，你自己吃吧！"吴轩有事时也会及时通知孙蓝："收据就放在左边第二个抽屉，别忘了。"这样一来，彼此都会对对方的行踪有所了解，不会凭空乱着急。

跟你身边亲密的人互通信息，这样万一有急事，别人也能找到你，不至于耽误事情，而且，万一你遇到意外情况，也会有朋友及时给予你帮助。

8. 保持适当距离

如果因为两个人关系亲密、不分彼此，常常不请自来，三天两头登门，甚至赖在人家家里不走，就是没有把握好交往的分寸。人家可以忍你一天、两天，但是时间久了，必定就会对你生厌。每个人都需要私人空间，所以两个人之间，彼此尊重、给人留下足够的空间是必须的。长久而完美的人际关系往往是君子之交淡如水，像一杯清茶，自在气氤氲，绝不喧嚣。

9. 学会变通，不可一味一本正经

没有人喜欢滑头滑脑的人，但是一味板着脸、过于严肃认真的人，也不会太受欢迎。做人当然要实实在在，做事也当然要规规矩矩，但是，千万要记得"讲人情"，要学会讲

理，更要学会讲情。事情是死的，人是活的，很多原则性很强的事情换一个方法来做，会更容易让大多数人接受。这就是应变能力。

这个世界，每个人都有自己的一套原则，你想让大家接受自己的原则，不可能，也没必要。他有他的原则，你有你的原则，不一定要完全相同，但要彼此尊重、互相包容，然后再达成统一。当然，这不是要你当"和事佬"，也绝对不是让你"和稀泥"，而是要理和情两者兼顾，既把握原则，又把话说到，让人能够很好地接受。

10. 不要打探别人的隐私

好奇是人的天性，但是作为一个成熟的人，应该学会控制自己的好奇心。为什么现在人们对"狗仔队"深恶痛绝？因为人们不喜欢每天生活在别人的监视下。为什么到了晚上，家家户户都拉上窗帘？因为人们不希望在别人的窥视下生活，希望享受自己的私密空间。

况且，很多事在自己说来无所谓，可是放到大庭广众之下，就变得非常可笑，这样类似的事情是不希望别人知道的。所以，除了对很亲近的人或者很熟悉的朋友之外，一般不要去询问别人的私生活。有时即使是为了表示自己的关心，也要先征得别人的同意，等别人自愿告诉你。假如对方愿意把事情告诉你，你千万不要把那些"私事"到处传播。

以上十个细节只是一个指导性的意见，还需要你在生活中去实践、去体会，这样才能发挥良好的功效。希望这些细节上的小建议能够帮助你顺利、愉快地与人交往，让你赢得宽广的人脉！

十个沟通细节，让你前功尽弃

在沟通中，有一些细节你稍有不慎，就可能面临失败的结局。这些细节被称为沟通中的致命过失。因为它们很容易毁掉我们的人际关系，从而导致猜测、误解、恼怒、挫折，使沟通被完全破坏。

不幸的是，我们每天都发现这些过失在我们身边上演。对于我们来说，承认这些过失是很容易的，但是在彼此的沟通中，想要彻底避免又很难。

如果你想成功地进行沟通，你最好避免以下十种过失。对于下述的每一种过失，思考一下，你是否在沟通中也存在着这些过失？

1. 评价

当我们对另一个人做出肯定或否定的判断时，这暗示着我们认为在某种程度上，我们比他们"好"。而当我们以一般方式而非特殊方式评价别人时，尤其会这样。"你是一个好人"或者"你真令人失望"，这两种评价都是无益的。因为这是一般性的评价，这会使接受者觉得，他们被轻视了，因此才得到如此简单的评价。所以要避免一般性的泛泛而谈，比如，"你不懂得体贴别人"或者"如果你打算去那儿，你需要做出更多的承诺"。

在表扬或批评时要具体化。在没有说明原因前，不要说你喜欢什么或不喜欢什么。要保留事实，而不是观点和解释。用一些中性词汇以及你的肢体语言、语音、语调和适合你使用的词汇传递你对他人的尊敬。

2. 说教

讲道理、责备、羞辱以及抓住过去的事情不放，都是说教的形式。这肯定会把好的沟通引入深渊。

当我们认为自己比别人知道得多，或者经验更丰富，或者价值观更优越时，我们往往会变得严肃、自大，开始讲道理。但因为我们对他人的参考体系并不完全了解，我们的说教未必是中肯和受欢迎的。

不要说教，尽量"穿他们的鞋走一段路"。你越这么做，可能你越不会去教训别人，而更倾向于欣赏、重视和接受。用积极的倾听技巧帮助人们揭示其处境。如果他们想征求你的建议时，他们也会这么做的。

责备和羞辱是两种常见的说教方式。如果某人犯了错误，我们是否应该谴责他们，让他们感到滋味不好受呢？还是应该向他们指出什么地方出错了以及如何改正呢？既然人们通常并非有意地犯错，那就应该着眼于将来，帮助他们避免下次犯类似的错误无疑是更好的做法。

指出别人的错误是一件很"诱人"的事情，一旦我们习惯于此，很容易抓住过去的事情不放，让人重新回忆和体验他们做错的事情，或我们不赞赏的事情。这样做很不好。

3. 标榜

在一个组织或一个团体中，你或许听到过下面一些评论：

"你没有完全理解。"

"你的问题是……"

"你是一个妄想的人。"

"你是一个懒惰的人。"

"你努力得不够。"

在交流中像这类"标签"式的评论给人一种居高临下的感觉。这种喜欢标榜、评论的人或他们的行为方式，常常使交流处于危险的境地。

要抵制这种行为方式。如果你想改变对方所说的或所做的，那么就要清晰地陈述你所听到的或看到的，仅仅陈述事实，不要加任何的解释和"标签"式的评语。如果你觉得必要，告诉他们这种行为的后果。

4. 讽刺挖苦

尽管讽刺挖苦是文化生活中的一部分，但是讽刺是带有攻击性的，即使是友善的嘲弄，有时也会失去友情，产生有害的情绪。挖苦抑制了开放式的交流，它是荒谬、侮辱的代名词，它将导致同样的后果。直截了当地表达你想要说的，而不要以讥讽的评论来掩饰你的想法。

5. 命令

命令是当你告诉某人要做某事时，用的是一种不容商量的口吻，不给人留任何的余地。你的命令使得其他人感觉他们就像机器一样。如此命令的结果是，要么引起一场争斗，要么是憎恶的屈服，这取决于你当时的地位。下一次当你又要说"你必须……"时，请你停下来，寻找更好的方式来传递你的信息。

另一种更微妙的命令形式是"强加于人"，通常你很礼貌地运用富于逻辑的陈述，你设想别人都同意你的观点，实际上你没有给他们发表意见的机会，而使谈话非常简洁迅速，你用威吓的方式使别人屈从于你的观点。

应该运用你的神态和习惯用语，使别人比较容易地理解你想做什么或不想做什么，并提出改进意见。只要可能，关注你想要的结果，并且让别人决定他们应该采取什么行动。

如果你发现你自己正在引出一场迅速获得你想要的结果的谈话，问问你自己是否强加于人了，是否以威慑力量使别人屈服了。如果是这样，你想想自己应该做些什么？

听听别人的意见，看看是否能帮助你更有效地达到你的目的，促进相互的关系。

6. 仓促行事

命令的一种更隐蔽的方式是仓促行事。我们通常假设别人是赞成的，而没有给他们真正的机会来表明自己的观点，然后就看似很有礼貌地做出断言。通过迅速地进行谈话，我们迫使他人屈从于我们的观点。

如果你没有给别人讲话的机会，不要太过匆忙。寻找一些"点头""嗯"等语言和非语言的暗示别人态度的信号。如果有必要，停下来询问别人是否赞成你，或者有什么要补充的想法。如果你发现自己把谈话迅速地引向你想要的结论，自问是否在犯仓促行事的错误，如果是，那这是你想要的方式吗？它能更好地服务于你的目的吗？听听他人的意见是否对你们的关系更有好处？

7. 威胁

以"如果你不这样做，就……"或"你最好……"相威胁，不论是直接的，还是巧妙的，都暗示了一种信息即"否则会怎样"，威胁不仅会使人们警惕起来，还会使沟通留下缝隙，因为大多数人总是会去寻找防御威胁的方法，寻找不服从的方法。

如果理由正当，你可以向人们说明为什么要这样做而不那样做，把结果明确地、公正地告诉大家，要鼓励而不要威胁。

8. 多余的劝告

有些短语像"你将会……""你应该……""你试一下，如果你听从我的劝告，你将会……"我们上下嘴唇一碰，有可能使我们就像道学家、传教士或是在演讲一样。

如果人们需要我们的劝告，他们会寻找我们的帮助，那时他们会认真地倾听，否则如果是我们强加于他们的，那么我们的劝告或许会被忽略，或许会被当作耳旁风。

如果你一定要给予别人一些劝告，那么首先要征得允许，你该这样说："你不介意我提个建议吧？"或者说："你想听听我对那个问题的看法吗？"

9. 模棱两可

如果我们不能一语破的，人们就会猜测我们真正的意思和我们的需要。而人们的心理感应是不相同的，所以人们往往猜错。

要具体，不要模棱两可！沟通中的模棱两可还包括你所说的并不是你自己拥有的信息。比如"每个人都知道……""大多数人都同意"，这些都没有明确表达出你的态度。

10. 转移话题

当交流变得情绪化或个性化，或当有人隐藏他们真实的自我时，我们会感觉很不舒服，并且会将谈话内容表面化。这些都将导致行为的转移，使讲话者改变话题。

我们不能强求每次与他人的谈话都具有深刻的意义，但从另一方面来说，交流有时为我们提供更多的原来我们不知道的信息和个人见解。一个团队的成员，一起工作的同事，应该能够交流自己的需求，谈一些个人问题，成功的交流不应阻止人们的这种愿望。

要以相互尊重为基础，避免趾高气扬，不要对他人指手画脚；避免离题万里，不要说那些空洞无物的陈词滥调。

用一些毫无意义的话安慰或同情别人也是转移话题的表现，也会使我们远离沟通的目标，把双方的关系维持在一个很浅薄的层次上。

"明天你的感觉就不一样了。"

"我真为你难过。"

这些话不会有什么效果，因为都是一些无的放矢的话。

交际能力是练出来的，只有在不断的沟通实践中去多多体会、多多揣摩、多多练习，相信你才可以成为一个沟通高手！

第八章　三思而后行，口无遮拦必惹祸

孔子说过："三思而后行。"做一件事，如果不是经过用心反复考虑才决定的，那往往是一种任意鲁莽的行为。与人交谈，如果没有认真思考，让不合适的话溜出嘴，就会给自己带来麻烦，所以，我们一定要用心管好自己的嘴巴，切忌口无遮拦，必须要慎重地考虑之后再张口。

在最佳时机说，事半功倍

同样一句话，在不同时机说，效果会大为不同。而高情商人士在时机的把握上，往往都是经过深思熟虑的。

战国时期，楚王的宠臣安陵君能说善辩，很受楚王的器重。他并不是遇事便立即脱口而出，而是十分讲究说话的时机。

安陵君有一位朋友，叫江乙。一天，他突然问道："安陵君，您没有一寸土地，也没有至亲骨肉，却身居高位、享受优厚的俸禄，国人见到您，也无不整衣跪拜，等着接受您的号令，为您效劳，这是为什么呢？"

安陵君答道："这是大王太过抬举我了，不然我哪能这样！"

江乙闻言，不无忧虑地说："用钱财相交的人，一旦钱财用尽，交情也就断了，如同靠美色相交的人，美色衰老则会情移。因此美丽女子还没等到卧席被磨破，就已遭人遗弃；得宠的臣子也等不到车子被坐坏，便被驱逐。如今您掌握楚国大权，却没有办法和大王深交，我暗自替您担心，觉得您的处境实在是太危险了。"

安陵君一听，恍然大悟，立刻恭敬地请教江乙："既然如此，还望先生指点迷津。"

江乙说："希望您一定要找个机会对大王说'愿随大王

一起死，以身为大王殉葬'。如果您这样说了，必能长久保住权位。"

安陵君听后，立刻说："谨依先生之言。"

但是，过了很长一段时间，安陵君依然没有对楚王说这番话。

江乙急忙去见安陵君，说道："我对您说的那些话，您为何至今不对楚王说呢？既然您不用我的计谋，我就再也不管了。"

安陵君急忙回答："我怎敢忘却先生的教诲，只是一时没有合适的机会。"

又过了一段时间，机会终于来了。一天，楚王到云梦泽打猎，一箭便射死了一头狂奔的野牛，百官和护卫无不欢声雷动，齐声称赞。楚王也高兴地仰天大笑，说道："痛快啊！今天游猎，寡人何等快活！待寡人万岁千秋之后，你们谁能和我共享今天的快乐呢？"

此刻，安陵君紧紧抓住这个机会，走上前去，泪流满面地说："臣进宫后就与大王同共一席，挡蝼蚁，那便是臣最大的荣幸了。"

楚王闻言，大受感动，随即正式设坛封他为安陵君，日后对他也更加宠信。

这个历史故事说明了把握说话时机的重要性。在此过程中，人们需要充分的耐心，也需要进行准备，以等待时机成熟，但这并非意味着坐视不动。

卡耐基说："要想把话说得恰到好处，最重要的一点就是把握住说话时机。说话的时机，常常就在瞬息之间，稍纵即逝，时不我待，失不再来。因此，对说话时机的把握，比掌握、运用其他说话技巧更难更重要。"

孔子在《论语·季氏篇》中说："言未及之而言，谓之躁；言及之而不言，谓之隐；未见颜色而言，谓之瞽。"这段话的意思是："不该说话的时候说，叫作急躁；应该说话的时候不说，叫作隐瞒；不看对方的脸色变化便信口开河，叫作闭着眼睛瞎说。"以上三种情况都是没有把握好说话的时机，或者是没有注意说话的策略和技巧。所以，说话要把握时机，该出口时才出口。要把握说话的最佳时机，并非易事。

说话不仅要选择适合的场合，还要选择适合的时间。说话的内容不论如何精彩，如果时机掌握不好，也无法达到最佳的效果。听众的内心世界常常随着时间的变化而变化。即使对方愿意听你讲话，或接受你的观点，你也应当学会选择恰当的时机。如果你喜欢看棒球比赛，你就会发现，棒球运动员即使有高超的技艺、强健的体魄，可是没有把握住击球的决定性瞬间，棒球会就落空。说话也是这样，抓住时机是最重要的。

什么时候才是这"决定性的瞬间"呢？主要看谈话时的具体情况，凭你的经验和感觉而定。

在交际场合，常常出现这种情况：有的人口若悬河，滔滔不绝，十分健谈；而有的人即使坐了半天，也无从插话，找不到话题。

这就是一个"切入"时机的问题。怎样才能及时地"切入"话题？应注意以下几方面：

1. 尽快找到双方共同关心的基本点

有这样一个故事：王先生新买了一台洗衣机，因质量问题连续几次拉到维修站修理都没有修好。后来，他找到李经理诉说苦衷。

李经理立即把正在看武侠小说的年轻修理工张冰叫来，询问有关情况，并批评了张冰，责令其速同客户回去重修。

一路上，张冰铁青着脸不说一句话，因为他正念念不忘武侠小说人物的命运。

王先生灵机一动，问道："你看的《江湖女侠》是第几集？"张冰答道："第二集，快看完了，可惜找不到第三集。"

王先生说："包在我身上。我家还有不少武侠小说，等一会你尽管借去看。"

紧接着，双方围绕武侠小说你一言我一语，谈得津津有味，开始时的尴尬气氛消除了。后来，不但洗衣机修好了，两个人还成了要好的朋友。

2. 寻找发表自己意见的最佳时机

有了共同语言之后，什么时候"切入"话题就显得很重要了。

比如在讨论会上，什么时候是最佳发言的时机？如果你第一个发言，虽然能够给听众造成先入为主的印象，可是，一般情况是，因为时间尚早，气氛难免显得沉闷，听众尚未适应，不太好调动他们的情绪。可是如果到了后边再讲，好处是能够吸收别人的成果，进行有效的归纳整理，显得井井有条，或针对别人的漏洞，发表更为完善的意见，可是因为时间太晚，很多听众都会觉得疲倦，希望尽快结束发言而不愿再拖延时间，因此效果也不理想。

根据这些情况，经过研究证明，最好的发言时机是在第二个人或第三个人发言之后及时切入话题，这样的效果最好。

在这个时候，说话的气氛已经活跃起来，如果你不失时机地提出自己的想法，最容易引起人们的关注。

研究证明，反映情况或说服他人的最佳时机是对方心情比较平和的时候。当对方劳累、不顺心或注意力集中在其他事情上时，他们是没有心情来听你说话的。

选择好时机，是一种尊重对方的表现，同时更是发挥说话效果的重点，只有当对方对你所谈的事情感兴趣的时候，你的话才会产生应有的效果，并达到预期的目的。

在适当的场合说恰当的话

某农村有位老太太去世了，亲属们一起商量后事。老太太生前嘱咐要土葬，但是现在土葬已经不合时宜了，于是大家七嘴八舌，发表个人看法。老太太的孙子说："这样吧，老太太死都死了，现在尸体放在家里，人来人往的，总不是个事，我看烧掉最好，省钱省事！"这番话听得大家十分恼火，恨不得上去打他一巴掌。

这时候，另外一个孙子上来说："奶奶走了我很难过，现在遗体放在屋子里得赶紧料理才行。奶奶生前有土葬的愿望，可土葬现在已经不行了，我看还是赶紧火化好。作为晚辈，说话有不周的地方还请大家原谅，大主意还是伯伯婶婶拿！"这番话听得大家舒舒服服，伯伯婶婶也赶紧拿了个主意，把老太太火化了。

第八章　三思而后行，口无遮拦必惹祸

本来老人去世是一件悲痛的事，可是第一个孙子上来就说什么"死了""埋掉""烧掉""尸体"这种难听的字眼，最后还来了个"省钱省事"，显得不合时宜，冷酷无情；而第二个孙子上来则情真意切，在情在理，很有分寸，自然让人听了舒服。

如果周围全都是自己熟悉的朋友，那么说话就可以推心置腹，天南海北，无所不谈，甚至说出一些过头的话来也无伤大雅；但是如果在场的都是交往不深的人，就要收敛一下，不可肆意妄为，做事情也要公事公办，不要不分对象乱套近乎。

同样，说的话要贴合场合。在轻松的场合言语就要轻松，在热烈的场合言吾就要热烈，在清冷的场合语言就要清冷，在喜庆的场合言语就要喜庆，在悲哀的场合语言就要悲哀。"在什么山唱什么歌"，不看场合，随心所欲，信口开河，想到什么说什么，这是愚人的拙劣表现。

适时说话，人们才会乐于听取。在不同场合，根据具体情况来决定说还是不说，以及用什么方式说，"言而当，知也；默而当，亦和也。"正所谓"时然后言，人不厌其言"。礼仪规范对言语的最基本的要求就是：在任何时候，任何场合，言语都应该"矜庄以莅之，端诚以处之"。

说话要区分不同的场合，否则就收不到理想的效果。某法院开庭审理一起盗窃案，被告对作案时间交代不清。为了核实，审判长决定传被告之妻到庭做证。由于过分着急，审判长脱口而出："把他老婆带上来！"法庭顿时哗然，严肃的气氛被冲淡了。当时，审判长应该运用法庭用语，宣布"传证人

某某某到庭"。由于以日常用语取代了法庭用语，不适应场合，因而显得很不得体。

可见，只有依据不同的场合，选取最恰当的词语，才能准确地表达自己的思想感情。

那么，场合又分为哪几种呢？主要可分为以下四类：

1. 自己人场合和外人场合

我国文化传统一向是重视内外有别的。对于都是自己人的场合"关起门来说话"，可以无话不谈，甚至可以说些放肆的话，什么事都好办；而对于都是外人的场合，便可"逢人只说三分话，未可全抛一片心"。求人办事，一般是公事公办。因此，遵循内外有别的原则，说话才能得体。

2. 正式场合与非正式场合

正式场合说话应严肃认真，事先要有所准备，不能乱扯一气。非正式场合下，就可随便一些，像聊家常一样，便于感情交流，谈深谈透。有些人说话文绉绉，有人讲话俗不可耐，就是没有正确区分正式场合与非正式场合的界限。

3. 喜庆场合与悲痛场合

一般来说，说话应与场合中的气氛相协调。在别人办喜事时，千万不要说悲伤的话；在人家悲痛时，不要说逗乐的话，甚至哼民歌小调，否则别人就会觉得你这人太不懂事了。

说话有"术"，"能说会道"也是一种本领。古有"一语千金"之说，也有"妙语退敌兵"之事。可见，会说、巧说是何等重要。我们应重视"说"的作用，讲究"说"的艺术。在求人办事时，注意语言的学习与积累，针对不同的场合，要选用最得体、最恰当的语言来表情达意，力争获得最佳的效果。

"言多必失"，不论什么时候，什么场合，说话时都要注意说话的分寸。特别是人多的场合，说到忘乎所以的时候很容易失言，一旦失言，你的话就可能中伤或伤害到某个人，这自然会为你招惹祸端。

在事业发展的过程中，一言一行都关系着个人的成就荣辱，所以言行不可不慎。那些成功的人，说话很会把握分寸，不管在什么场合都是落落大方，该说的话一定会说到位；不该说的时候，一句话也不说。

有的人口齿伶俐，在交际场合口若悬河，滔滔不绝，诚然，这是不少人所向往的"境界"。但如果没有那样的水准，仍喜欢张扬自己，在人多的地方口无遮拦，一旦说漏了嘴，再想要补救是很难的。所以在人多的场合尽量少讲话，并讲究"忌口"。否则，若因言行不慎而让别人下不了台，或把事情搞糟，那就得不偿失了，因为对别人造成的伤害是一时性的，但对自己造成的影响却是长久性的——你在别人心目中的形象会被定为"恶人"。或许这个"恶人"用得有点过分，但起码你留在别人心中的印象不会是好的。

总之，我们在与人沟通时要明白沟通的目的，看准沟通的场合，懂得随机应变，在什么山，唱什么歌。

包装：把难说的话变得好听

俗话说得好，"佛要金装，人要衣装"。商品要有新颖的包装才会吸引顾客，女人要有漂亮的衣裳才更能显现出她的美丽风姿。说话也要像商品和人一样，需要经过良好的包装才能让人接受和信服。就比如你说"喂，让开"，就不如说"你好，请让一下好吗"效果好。这就是包装的魅力。

人们都说，关系是营造出来的。同样的事情，有人着急上火，口不择言，有人则不急不躁，言语稳重，最后结果就大相径庭。话语如同一把利刃，可以伐木也可以伤人，就看操持者怎么使用。己所不欲，勿施于人，既然每个人都喜欢听那美酒一样的良言，为什么不对别人也说出美好的语言呢？注意说话的方式，把难说的话变得好听，才是真正有素养的高情商人士。下面就教你一些小技巧：

1. 难以启齿的话，要用机智与幽默包装起来

每个人在日常生活中都会遇到必须讲一些难以启齿的话的情况。这种时候，如果直接说出口，很可能引起对方的反感，或者让对方产生不快。如果把想说的话用机智与幽默来传达，用这种委婉的方式，对方就会一笑置之，既不伤害对方，说的人心里也不会有很重的负担。

2. 警告别人时不要指出缺点，而要强调如果纠正过来会更好

有位公司经理慨叹纠正别人的错误实在难，稍微指责一下部属，部属不是置之不理，就是越变越坏。这位经理只是指出对方的缺点加以批评而已。他如果换一种方式，强调纠正过来会更好，那就会是另一种情况。

有位足球教练在纠正选手时，不说"不对，不对"而说"大致上不错，但如果再纠正一下……结果会更好"。他并不否定选手，而是先加以肯定再纠正，也就是说先满足对方的自尊心，然后再把目标提高。如果只是指责、警告，只会引起选手的反感，不会有任何效果可言。

3. 传达坏消息时，要附加一句"令人无法相信"

传达坏消息，心情总是沉重的。所以，这种时候更需要一些思考，否则甚至可能演变成很严重的问题。

在传达坏消息前加一句"真令人无法相信……"那么对方所受到的冲击就会轻很多。有一位初中教师，他对成绩退步的学生说："实在令人难以置信，你考出这样的分数。"如果老师能用这种方式说话，那位同学下次成绩一定会提高。倘若只是传达事实的话，机器人也办得到，但效果却不会令人满意。但是，"令人难以置信"这句话显示出的则是机械所不具备的灵活。

4. 不小心提到对方的缺点时，也要加上赞美的话

想必每个人都曾有过不小心说话伤到对方或对对方不礼貌的时候。话一旦说出来就无法收回，当时的气氛就会被破坏了。这种情形大多数人会连忙辩解，或者换上温和一点的措辞——这实在不是好方法，因为对方认为你心里这么想才会出言不逊。这种时候不要去否定刚才说出来的话，要尽量沉着，若无其事地附带说道："但是，你也有……优点，所以表面上的缺点更显得有个性。"人对于别人说过的话总是对最后的结论印象最深刻，附加赞美的话，对方便认为结论是赞美，即使前面说过令人不愉快的话，也就不会计较了。

5. 提意见时，更多提供假设

你直接说"这样不好"，不如说"如果……是不是更好？"为对方提供一些假设，一些建议，比生硬地提意见更容易让人接受。同样的意思，只是换了不同的说法，结果就截然

不同。

6. 借第三者传达对对方的批评可以一石二鸟

某企业的经理说，他的公司有几位兼职的女职员言谈很随意，甚至对他这个上司说起话来也很随便。有一天，他告诉一个已经任职两三年的女职员："最近的年轻人说话有点随便，请你代我转告一下某某好吗？"结果却很令人意外。那几个兼职的女职员谈吐真的有所改善，而那个负责转告的女职员对自己的谈吐最为小心翼翼，恐怕是"最近的年轻人"这个词让那个女职员觉得自己也包括在内。

这个女职员的改变，连主管也意想不到。这也是用来批评别人的一种好方法，也就是说借"第三者之口"而不要直接批评，如此一来，对方就会虚心接受而不大会产生反感。但是这种借"第三者之口"的批评，要掌握好尺度，不要太过明显，让人觉得像"指桑骂槐"就不好了，这一点应当多加注意。

直言快语固然能让人感觉爽快，但是委婉说话更能体现出一个人驾驭语言的能力。委婉并不是有心机，也不是故意遮遮掩掩绕弯子，而是体现出一个人对交往对象的尊重和体贴，体现出一个人交际的成熟风范。包装一下你的外表，再包装一下你的语言，那么你就是一个善于交际的人了。

见什么人，说什么话

话说某人擅长奉承，一日请客，客人到齐后，他挨个问人家是怎么来的。第一位说是坐出租车来的，他大拇指一竖："潇洒，潇洒！"第二位是个领导，说是亲自开车来的。他惊叹道："时髦，时髦"第三位显得不好意思，说是骑自行车来的。他拍着人家的肩头连声称赞："廉洁，廉洁！"第四位没权也没势，自行车也丢了，说是走着来的。他也面露羡慕："健康，健康！"第五位见他捧技高超，想难一难他，说是爬着来的。他击掌叫好："稳当，稳当！"

看完之后，你也许会捧腹大笑，甚至会骂这人是个马屁精。但细细思忖之下，定能悟出"见什么人说什么话"的奥妙之所在。没有人会喜欢一个老生常谈，自说自话的人。"物以类聚，人以群分"，了解人与人之间的年龄、性别、性格、职业、地位、兴趣爱好、文化水平等多方面的差异，调整自己的沟通方式去适应对方，这样别人才会乐于与你沟通。

具体来说该怎么做呢？可以依照下面几点：

1. 看对方的性格和性别特征

对方性格外向，透明度高，你就可以随便一些，开开玩笑，斗斗嘴，他会很自然地接受；如果对方性格内向、敏感，你就可以讲一讲得体的笑话，让他变得开朗一些，最重要的是表现真诚，可以挖掘对方比较在意、隐藏在内心深处的话题，让对方觉得你是真正关心他的。

有的女孩性格外向，个性鲜明，男孩子气十足，你若跟她谈化妆、美容，她也许会毫无兴趣，如果谈运动、谈明星，她可能会兴致勃勃。针对不同性格的人，你应该学会说不同的话。

同样说人胖，男性会一笑置之，而女性则可能会拉下脸来，觉得自尊心受到伤害，这就是性别带来的差异。所以，同样的话对男人说和女人说的效果是不一样的。说话时，我们就要注意这种差异，对不同性别的人说不同的话。

有位名牌大学中文系毕业的高才生，在人才招聘会上，想应聘某公司的办公室秘书一职，青年人在经理面前做自我推销时说话拐弯抹角，半天不切入主题。她先说："经理，听说你们公司的办公环境相当不错。"经理点了点头。接着，高才生又说："现在高学历的人才是越来越多了。"经理又点了点头，什么也没说。而后，高才生又说："经理，秘书一般要大学毕业，要比较有文采吧？"高才生的话兜了一个大大的圈子，还是未能道出自己的本意。岂料，这位经理是个急性子，他喜欢别人与自己一样，说话办事干脆利落。正因为高才生不了解经理的性格，结果话未说完，经理便托词离去，高才生的求职也化成了泡影。

2. 看对方的身份特征

俗话说，"秀才遇见兵，有理说不清"，如果你对普通的工人农民摆出知识分子的架子，满口之乎者也，肯定让对方满头雾水，更别说被接受、认可了。要是遇见文化修养较高的人，也不能开口就一副江湖气，这样容易引起反感，更无法获得交往的信任和好感。

全国人口普查时，一个青年普查员向一位80多岁的农村老大娘询问："有配偶吗？"老人愣了半天，然后反问："什么配偶？"普查员解释："就是你丈夫。"老太太这才明白。

这位普查员说话不看对象，难怪会闹笑话。所以，要想收到理想的表达效果，就应当看对象的身份说话，对什么人说什么话。如果不区分对象的身份说话，人们听起来就会觉得别扭，甚至产生反感，那势必会影响沟通效果。

3. 看对方的兴趣爱好

比如和有小孩的女性说话，可以说说孩子教育和家庭生活；和公司职员说话，可以说说经济环境等问题……说得不深入也没关系，只要你开口了，他们便会不由自主地告诉你很多关于他自己和工作上的事情。如果你还善于引导，他恐怕连心事都要掏出来了。

有个青年想拜一位老中医为师，为了博得老中医的欢心，他在登门求教之前做了认真细致的调查了解：他了解到老中医平时爱好书法，遂浏览了一些书法方面的书籍。起初，老中医对他态度冷淡，但当青年人发现老中医案几上放着书写好的字幅时，便拿起字幅边欣赏边说："老先生这幅墨宝写得雄劲挺拔，真是好书法啊！"对老中医的书法予以赞赏，让老中医有了愉悦感和自豪感。接着，青年人又说："老先生，您这写的是唐代颜真卿所创的颜体吧？"这样，就进一步激发了老中医的谈话兴趣。果然，老中医的态度转化了，话也多了起来。接着，青年人对所谈话题着意挖掘、环环相扣，致使老中医精神大振，谈锋甚健。终于，老中医欣然收下了这个"懂书法"的弟子。

4. 看对方的年龄特征

老年人喜欢别人说他年轻；中年人喜欢别人说他事业有成，家庭美满；而年轻人就喜欢别人说他有闯劲、有活力，不同年龄层次的人喜欢不同的话题。

假如你要打听对方的年龄，对小孩可以直接问："今年多大了？"对老年人则要问："您今年高寿？"我们不提倡问女士的年龄，但是如果非要问，也可以讲究方法，只要把握好分寸，就不会让别人觉得唐突、不礼貌。对年龄相近的女性可以试探说："你好像没我大？"对年龄稍大的女性则可以问："您也就30出头吧？"这样一来，便可皆大欢喜。

5. 看对方的心理需求

不同的人会有不同的心理需求。如果你懂得一点心理学，就很容易把话说到人的心窝里。

19世纪的维也纳，上层妇女喜欢戴一种高檐帽，她们进戏院看戏也总是戴着帽子，挡住了后排人的视线。戏院要求她们把帽子摘下来，她们仍然置之不理。剧院经理灵机一动，说："女士们请注意，本剧院要求观众一般都要脱帽看戏，但是年老一些的女士可以不必脱帽。"

此话一出，全场的女性都自觉地把帽子脱了下来，有哪个女人愿意承认自己老呢？剧院经理就是利用了女性爱美、爱年轻的心理特点和情感需求，顺利地说服了她们脱帽。

战国时期著名的纵横家鬼谷子，曾经总结道："与智者言，依于博；与博者言，依于辨；与辨者言，依于要；与贵者言，依于势；与富者言，依于高；与贫者言，依于利；与贱者言，依于谦；与勇者言，依于敢；与愚者言，依于锐。"

如果你能把握上述原则，说话时自然不容易出错。"见什么人说什么话"的道理可以帮你分清界限，厘清场合，让我们的人际沟通能力更上一层楼。

相交不必尽言语，恐落人间惹是非

苏东坡曾经留下过这样一首诗："高山石广金银少，世上人多君子稀。相交不必尽言语，恐落人间惹是非。"

"相交不必尽言语"，就是这个道理。很多时候，我们谈兴甚浓，于是海阔天空无所不谈，画蛇添足或是把一些完全不该说的话和盘托出，这样岂能不惹是非？

林丽不久前刚刚生了一个孩子。一天，她和另一个办公室的小杨迎面相遇，小杨出于礼貌，打招呼说："你来上班了？真辛苦啊！你生的小孩还可爱吧？"

说完之后，小杨立即意识到自己的话语有些欠妥，因为没有谁认为自己的孩子是不可爱的，而你还要再去强调这个问题，必然引起对方的不快。果然，林丽就说："谢谢！你也快生一个不就知道可爱不可爱了？！"而小杨是一个30多岁，还没有婚史的人。林丽后面的话，刺伤了小杨的自尊，无意中加深了两个人之间的误会。如果她们都能适可而止，吞下后面的话，就不会造成彼此的不愉快了。

在与人交往中要做到吞下不该说的话，应该具备这样的心态：就算你是全世界最自我的人，也要懂得尊重别人。不要以为吞下自己最后一句话就会失去自我，其实那才是真正懂得保护自己的人。

适时地闭上你的嘴巴，你会看起来更加可爱。不要不顾别人的想法而肆意倾倒你的垃圾信息，更不要随便对一个不熟悉的人卖弄你的小道消息和私人问题。

小心那些只听不说的人，或许是因为害羞，或许他们隐藏了"杀机"。在询问式和操纵式的倾听中，要学会分辨同情和尊重的耳朵。

灾祸往往出于口，在工作和生活中，要讲究说话的方式方法，管不好自己的嘴，就相当于在自己身上安了一颗定时炸弹。

那么，在交谈中哪些方式不受欢迎，容易招惹麻烦呢？

1. 无事不通、无事不晓的逞能

言谈中，谈话的内容往往涉及天文、地理、历史、哲学等古今中外、日月经天般的话题。同时，交谈是相互了解、相互交流的方式，而不是你表现学识、见识的舞台。如果你在交谈中表现得无事不通、无事不晓，到时定会吃到苦头。正如老子所说："言者不知，知者不言。"交谈中什么都说的人其实什么都不知道。

2. 逢人诉苦、博取同情的忆苦

在人生长河中，每个人都会遇到挫折和困苦，但每一个人对待挫折与困苦的方式都不同，有的人愿意迎难而上，有的人懂得知难而退，有的人却将苦难带来的负面情绪传染给别人，在众人面前陈述自己的辛酸，以博取同情。如果碰到一些挫折——进展不顺，遭人误解等，就经常唉声叹气，怨天尤人，说工作太难做了，实在不想干了，一肚子的牢骚。开始时，朋友也许愿为你排忧解难，想一些法子，给你鼓鼓气。但是每次相聚谈话都是如此，朋友们就会觉得你太没志气，简直就是一个"牢骚家"，以后就会与你疏远。所以，在交际中一味地诉苦会让别人觉得你没魄力、没能力，从而失去别人对你的尊重。

3. 喋喋不休、滔滔不绝的独白

许多女人在交谈中，始终唱主角，喋喋不休、滔滔不绝。这样其实不但不能表现自己的交谈口才，反而会令人生厌。要知道，池蛙长鸣，不为人注意，而雄鸡则一鸣惊人，这就说明过多的"说单口相声"不能交流思想，更无法增进感情。交谈时应谈论共同的话题，让每一个人都可以充分发表自己的意见，这样才能融洽气氛。正如亚历山大·汤姆所说："我们的谈话就像一次宴请，不能在吃得很饱之后才离席。"

4. 尖酸刻薄、烽烟四起的争辩

交际中有时免不了争辩，但善意、友好的争辩更能增进彼此间的了解，起到活跃气氛的作用，有时一场精彩的争辩会令人荡气回肠，齐声喝彩，但是尖酸刻薄、烽烟四起的争辩会伤害他人，导致心情郁闷、令人望而叹息、敬而远之。因为尖刻容易树敌，如果一个人在言谈中出现四面楚歌、群起攻之的局面，他的处境就可想而知了。

5. 口无遮拦，出口伤人的话语

灾祸往往出于口，无论身处什么位置，也不管财富多么雄厚、势力有多么强大，语言不当总会带来负面影响。在与人交往时要注意该说的说一点，不该说的莫开口。要时刻把握好说话的度，尽量让说出的话委婉动听。

总之，在社交场合，诚实与热情是交谈的基础，三思而后言，管住自己的嘴巴，是沟通的路标。拥有这些，你的话语才能精彩，你才能赢得更多朋友的尊重和帮助，你的交际之路方可顺风顺水。

话莫说绝对，给自己留点余地

某公司新研发了一个项目，老板将此事交给了下属小张，问他："有没有问题？"他拍着胸脯回答说："没问题，放心吧！"

过了三天，没有任何动静。老板问他进度如何，他才老实说："没有想象中那么简单！"虽然老板让他继续努力，但对他拍胸脯的信誓旦旦已经开始反感。

我们经常会听到某些人说话时常常是斩钉截铁的，"我一定行""我一定能办到""你还不相信我呀"……类似的话可以说是张口就来。当然，这样的话语里蕴含了一个人的自信，这是无可厚非的，但是有时候我们说话必须要留有余地，这就需要你根据具体的事实来说话，在比较正式的场合我们还是以不要把话说得太绝为妙。

有句俗话："人情留一线，日后好见面。"生活中很多尴尬其实是自己一手造成的，有一些就是因为话说得太绝对。凡事多些考虑，留有余地，总能给自己留条后路，这在外交辞令中是见得最多的。每个外交部发言人都不会说绝对的话，要么是"可能、也许"，要么是含糊其词，以便一旦有变故，可以有回旋余地。话不说绝对是一个人老练成熟的标准。

自以为是的人容易把话说满。他们总觉得自己的见解没有错，根本不容分辩，于是马上盖棺定论，不留余地。可是，要知道杯子留有空间，是为了轻轻晃动时不会让液体溢出来；气球留有空间，是为了不会因轻微的挤压而爆炸；人说话留有空间，是为了防止"例外"发生而让自己下不了台。

人人都讨厌大话连篇的人，吹得天花乱坠，实际行动却不见几分，难免让人觉得华而不实，难以信任。不如低调一点，做的比说的多，多干活儿少说话，用实际行动证明自己的价值。当然，也有人话说得很满，而且也做到了，即使这样，说满话也不可取，毕竟谦虚一些能留给人美好的印象，而一味拍胸脯说大话，总是让人觉得你不够稳重。何况，凡事总有意外，使得事情发生变化，而这些意外并不是能预料的，话不要说得太满，就是为了容纳这个"意外"。

在做事的时候，对别人的请托可以答应接受，但最好不要"保证"，应代以"我尽量，我试试看"的字眼；上级交办的事当然要接受，但不要说"保证没问题"，应代以"应该没问题，我会全力以赴"之类的字眼。这是为万一自己做不到所留的后路，而这样说事实上也无损你的诚意，反而更显出你的谨慎，别人会因此更信赖你，即便事没做好，也不会太责怪你。

用不确定的词句可以降低人们的期望值，你若不能顺利地做成某件事情，人们因对你期望不高，最后总能谅解你，而不会对你产生不满，有时他们还会因此而看到你的努力，不会全部抹杀你的成绩；如果你能出色地完成任务，他们往往喜出望外，这种增值的喜悦会给你带来很多好处。

话不说满也表现在不要对他人太早下评断，像"这个人没指望了""这个人一辈子没出息"之类，浪子还有回头的时候，人一辈子很长，变化还很多，怎么能凭主观思想就评定别人的一生？

无论何时，我们说话的时候都要提醒自己，要给自己留余地，使自己可进可退，这好比在战场上一样，进可攻，退可守，使自己处于主动的地位。这样虽然不能保证自己一定处于战无不胜的地位，但是至少可以保证自己不会败得一塌糊涂。要想把握说话的分寸，给自己留余地，需注意以下两点：

1. 话不要违背常情常理

事物都有自己存在的道理，人事也有自己存在的情理。说话时，如果违背了常情常理，就会给别人留下把柄。因此，在谈话时，要记住话不要说过了头。

听听两位推销员对同一商品的介绍，他们推销的是同一款产品：袜子。第一位推销员随手拿起一只袜子，紧接着他又拿起打火机，在袜子下面快速地晃动，火苗穿过袜子，而袜子也未受到损伤。在他一番介绍之后，袜子在顾客手中传看。一位顾客要用打火机烧，急得推销员赶忙补充说："袜子并不是烧不着，我只是证明它的透气性好。"最后大家终于明白是怎么回事，袜子的质量没的说，但当时气氛明显地影响了顾客的消费情绪。

而第二位推销员，也是一边说一边演示，不过他注意到介绍的科学性，说得非常周到。他是这样说的："当然，任何事物都有它的科学性，袜子怎么会烧不着呢？我只是想证明它的透气性好，它也并不是穿不破，就是钢也会磨损的。"这番介绍没有给天生爱挑刺的顾客留下可乘之机。接下来，他一边给大家传看袜子，一边讲解促销的优惠价格，销售效果明显好于前一位推销员。

2. 话不要说得太绝对

人们考虑问题都喜欢来个相对思考，也许是爱因斯坦的"相对论"深入人心的缘故吧。对于绝对的东西，在心理上会有一种排斥感。比如，当你斩钉截铁地说："事实完全就是这样。"此时在别人心里就会存有疑问："难道真的一点也不差？"也许你只是陈述事实。可是他心里老是琢磨"难道一点也不差"的时候，他对你的话语的领悟就会有点舍本逐末了。倒不如这样说："事实就是这样。"

所以，在谈话的时候，即便是我们绝对有把握的事，也不要把话说得过于绝对，绝对的东西容易引起他人的质疑。而现实是，如果对方故意挑刺，往往就能挑出刺来。与其给别人一个挑刺的借口，不如把话说得委婉一点。同时，如果我们不把话说得绝对，我们还可以在更为广阔的空间与对方周旋。

人们常说"话不要说满，事不要做绝"就是这个道理。事情做绝，不留余地，不给别人机会，不宽容别人，处理事情下狠手都是不理智的行为。无论矛盾有多深，最好都不要说出"势不两立"之类的话，否则日后万一有合作的机会，一定左右为难，尴尬万分。时时处处留有余地是为人处世的大智慧，进可攻，退可守，这才是成功的做人之道。

第九章　丰富细腻，肢语无声胜有声

　　肢体语言揭示了人的情感、态度、智慧和教养，肢体语言虽然无声，但传递的信息往往超过有声语言。人际交往离不开肢体语言，跨文化交际更需解读肢体语言。剖析肢体语言，使你在商战中明察秋毫，抢占先机；善用肢体语言，让你在应聘谋职时稳操胜券；巧用肢体语言，助你轻松成为高情商沟通高手。

微笑，最美的世界通用语言

从心理学角度来讲，微笑是属于非语言沟通的交流方式。人类具有丰富多彩的心理活动，这些内在的心理过程可以通过人的身体动作、面部表情、空间利用、声音暗示、接触行为、穿着打扮等方式表露出来，从而使自己为他人所觉察和了解。但微笑在人与人的沟通中却具有其他沟通方式所不可替代的作用。正如心理学家博纳罗·奥佛斯特里特指出的："我们朝人家微笑，人家也会以微笑作为回报。一方面他是在向我们微笑，另一方面从较深的意义上来说，他回报微笑是我们在他内心激起的幸福快乐情感的流露，我们的微笑使他感到了自己的价值，也就是说，我们重视他、尊重他。"

有一位单身女子奥丽芙刚刚搬了新家，她发现隔壁住着一个寡妇和两个小孩，无疑是一户穷人家。一天晚上，奥丽芙居住的那一带忽然停电了，她正准备点蜡烛。这时，隔壁邻居的小孩子来敲门，他紧张地问："阿姨，请问您家有蜡烛吗？"奥丽芙心想："难道他们家穷到连蜡烛都没有吗？千万不能借给他们，免得被他们赖上！"于是她冷漠地对孩子说："没有！"

正当奥丽芙准备关上门时，那小孩露出关爱的笑容说："我猜想你家没有！"说完，竟从怀里拿出两根蜡烛，说："我妈妈怕你一个人住又没有蜡烛，所以让我带两根来送你。"奥丽芙顿时心里充满了自责，同时被小孩子的笑容感动得热泪盈眶，将小孩紧紧地拥在怀里。奥丽芙深深地体会到了笑容的力量。

世界上最贵重的礼物是什么？是微笑。

世界上最美丽的东西是什么？是微笑。

世界上最动人的表情是什么？是微笑。

微笑是令彼此愉快的面部表情，是直通人心的世界语；是人际交往的润滑剂；是灿烂生活的添加剂。微笑是人的天性，它虽比电便宜，却比灯更加灿烂，不仅照亮自我，更能温暖他人。微笑是最奇妙的礼物，得到它的人会因此更加富足，给予它的人却不会因此变得贫穷。微笑有着无穷的魅力，虽然只是短短一瞬，却能留下永恒的回忆。

对于从事服务行业的人来说，微笑是一项投资最少、回报最大的资产。微笑可以缩短人与人之间的距离，化解令人尴尬的僵局，沟通彼此的心灵，使人产生安全感、亲切感以及愉快感。你的微笑可能会化解客人的些许苦闷，驱散客人的一身疲惫；可能会使客人感觉到你的诚心，原谅你的无意之失；可能会给客人带来愉悦，使他有个好的心情。因此，每一位服务人员都要树立微笑意识，将微笑贯穿于接待服务的始终。此外，也一定要牢记：只有真诚、友善、亲切、大方、自然的微笑，才会给客人一种愉快、舒适、幸福的感受。

世界各个著名的饭店管理集团都有一条共同的经验，那就是微笑的力量是一切服务程序的灵魂与指导。美国著名的麦当劳快餐店老板也认为："笑容是最有价值的商品之一。我们的饭店不仅提供高质量的食品饮料和高水准的优质服务，还免费提供微笑。"众所周知，康拉德·希尔顿是美国旅馆业的巨头，他的"旅店王国"如今已发展到全世界，资产有数十亿美元。希尔顿一贯坚持的经营哲学是"一流设施，一流微笑"。同时，他也十分重视培养员工的微笑服务意识，他的员工都知道那句名言："你今天对客人微笑了没有？"

1930年是美国经济萧条最严重的一年，全美旅馆80%都倒闭了，希尔顿的旅馆也严重亏损，一度负债多达50万美元。然而，希尔顿并没有灰心，他向每一家希尔顿旅馆的员工特别交代和呼吁："虽然现在是旅馆亏空靠借债度日的时期，但我们一定要强渡难关。因此，我请各位记住，希尔顿的宗旨万万不能忘，无论遭遇怎样的困难，希尔顿旅馆服务员脸上的微笑永远属于顾客。"

经济萧条刚过，希尔顿旅馆就率先进入了又一个繁荣期，并引进了一流的设备。此后，希尔顿到每一家旅馆召集全体员工开会时，都会问这样的问题："我们的旅馆已新添了一流的设备，你们觉得还必须配合哪些一流的东西来赢得客人呢？"员工们各抒己见，但希尔顿并不满意他们的回答，他说："请你们想一想，如果旅馆里只有一流的设备而没有服务员们一流的微笑，那些旅客会认为我们供应了他们全部最喜欢的东西吗？如果缺少服务员的美好微笑，就好比花园里失去了阳光和春风。假如我是旅客，我宁愿住进地毯有些残旧，但处处可以见到微笑的旅馆，也不愿住进只有一流设备而不见微笑的地方……"

英国诗人雪莱说："微笑，实在是仁爱的象征，快乐的源泉，亲近别人的媒介。有了笑，人类的感情就得以沟通。"保持微笑的人，走到哪里都会受到欢迎，谁都喜欢同其打交道。这是因为，当你向别人微笑时，实际上就是以巧妙、含蓄的方式告诉他，你喜欢他，你尊重他，他是一个受欢迎的人。这样你在给予别人温暖与鼓励的同时，也就容易获得别人的尊重与喜爱。

美国某家百货公司的经理曾经说过，她宁愿雇用一个没读完小学但性格开朗的女孩，也不愿雇用一个不苟言笑的哲学博士。相由心生，这个道理人人都懂，不要让自己的心情影响了自己的面容。每天花一点时间，在镜子面前检查自己的面容能否给人带来愉快的感受。即便有时遇到不如意的事，也要迅速地让自己快乐起来，强迫自己微笑。如果你是单独一个人，可以强迫自己吹口哨或唱一曲，暗示自己很快乐，那你就容易快乐起来。只要肯去做，任何人都能拥有开朗的笑容。

然而，并不是所有人的微微一笑都能轻易地打动别人，微笑是有讲究的。

微笑的时候，先要放松面部肌肉，然后使嘴角微微向上翘起，让嘴唇略呈弧形。最后，在不牵动鼻子、不发出笑声、不露出牙齿，尤其是不露出牙龈的前提下，轻轻一笑。

微笑要发自内心，当一个人心情愉快、兴奋或遇到高兴的事情时，都会自然地流露出这种笑容。这是一种情绪的调节，是内心情感的自然流露，绝不是故作笑颜、故意奉承。

微笑最重要的是自然，不可以伪装，千万不要皮笑肉不笑，更不要勉强，那样只会让人别扭，甚至感到讨厌。

微笑也要适度。虽然微笑是人们交往中最具有吸引力、最有价值的面部表情，但也不能随心所欲，不加节制。只有笑得得体、适度，才能充分表达友善、真诚等美好的情感。

具有良好素养和心境的人总会在脸上泛起微笑，而让人微笑永驻的则是一种精神力量。微笑含有情感的成分，它能照亮天空，能振奋精神，能改变周围的人。用微笑，很容易获得对方的信任和好感。

真诚地微笑吧，它是你最美的语言！

手势，最有力的体态语言

手势是人与人在沟通时不可缺少的动作，是最有表现力的一种"体态语言"。俗话说："心有所思，手有所指。"手的重要性并不亚于眼睛，甚至可以说手就是人的第二双眼睛。

手势是无声语言，人们借助手势传达各种信息，表达各种感情。手势表现的含义非常丰富，表达的感情也非常微妙复杂，如招手致意，挥手告别，拍手称赞，拱手致谢，举手赞同，摆手拒绝等。手势的含义，或是发出信息，或是表示喜恶、表达感情。能够恰当地运用手势表情达意，会为你的交际形象增光添彩。

手势的动用场合很多，在日常的实际运用中，手势包括握手、拱手、招手、挥手、摆手、摇手等动作。这些姿态都要做到有感而发，准确、自然、优雅而不生硬，一定要从实际出发，使动作恰当而简明地说明问题，表达感情。

那么，正确的手势又是如何呢？常见的手势有以下四种：

1. 情意手势

主要用来表达谈话者的情感。如在演讲中说道："我们一定要扭亏为盈！"配合有声语言，他的右手由右上方向左下方劈下，并在句尾的"盈"字顺势握成拳头，会显得有力而果断，给人以信心和力量。

2. 指示手势

用于指明要说的人、事、物、方向等。"作为一个国家，振兴中国只有一个选择，就是必须走建设具有中国特色的社会主义道路。"配合有声语言，右手上举于头侧握拳伸出食指，引起听者对这一神圣选择的关注。

3. 象形手势

用来描摹、比画具体事物或人的形貌。"什么是爱"和"爱不是得到而是奉献"配合有声语言，双臂在胸前平伸，臂微弯，手心朝上，模拟献物状，会加深对方对爱的理解。

4. 象征手势

象征手势常用来表达抽象概念。"对学生而言，我们去的地方是国家建设最需要的！"配合有声语言，右手向前方伸出，象征西部、边疆等最需要的地方。

手势可以根据手的动作范围分为三个区域：上区为肩部以上，在演讲、辩论中应用得较多，表现雄心勃勃、积极、有动力、自信等；中区为肩部至腰部，多用于一般性的叙述事物和说明事理，表现坦诚、平静、和气等中性意义，这是最常用的领域。下区为腰部以下，多表示憎恶、不悦、不屑、不齿、排斥、否定、压抑等。

手势的巧妙运用会有助于你塑造良好的形象、优雅的气质，并适当地展示你的形象，不良的手势，则会严重影响形象，会让沟通信息受到阻碍。使用手势应该注意以下五点：

（1）在交往中，手势不宜过多，动作不宜过大，给人以优雅、含蓄和彬彬有礼之感，切忌指手画脚和手舞足蹈。

（2）打招呼、致意、告别、欢呼、鼓掌均属于手势范围，应该注意其力度的大小、速度的快慢、时间的长短，不可过度。鼓掌是表示欢迎、祝贺、赞许、致谢等礼貌举止。在正式社交场合，观看文艺演出、重要人物出现、听报告、听演讲等都用热烈的鼓掌表示钦佩、祝贺。鼓掌的标准动作应该是用右手掌轻拍左手掌的掌心，鼓掌时不应戴手套，宜自然，切忌为掌声大而使劲拍手，应自然终止。鼓掌要热烈，但不要"忘形"，一旦忘形，鼓掌的意义就发生了质的变化而成为"喝倒彩""鼓倒掌"，有起哄之嫌，这样是很失礼的。注意鼓掌尽量不要用语言配合，那是缺乏修养的表现。

（3）在任何情况下，都不要用大拇指指自己的鼻尖和用手指指点他人。谈到自己时应用手掌轻按自己的左胸，那样会显得端庄、大方、可信。用手指指点他人的手势是不礼貌的。

（4）一般认为，掌心向上的手势有诚恳、尊重他人的含义；掌心向下的手势意味着不够坦率、缺乏诚意等；握紧拳头暗示进攻和自卫，也表示愤怒，伸出手指来指点，是要引起他人的注意，含有教训人的意味。

因此，在介绍某人、为某人引路指示方向、请人做某事时，应该掌心向上，以肘关节为轴，上身稍向前倾，以示尊敬。这种手势被认为是诚恳、恭敬、有礼貌的。

（5）有些手势在使用时，应注意区域和各国的不同习惯，不可以乱用。因为各地习俗迥异，相同的手势表达的意思不仅有所不同，而且有的大相径庭。如在我国和某些国家认为竖起大拇指、其余四指内曲表示称赞夸奖，但澳大利亚则认为竖起大拇指，尤其是横向伸出大拇指是一种污辱。英国人翘起大拇指是拦车要求搭车的意思。用大拇指和食指构成一个圆圈，其他三指伸直，就是"OK"的手势，这一手势在欧洲表示赞扬和允诺的意思，特别在青年学生中广为流行。然而在法国南部、希腊、撒丁岛等地，它的意思恰好相反。在巴西，人们打"OK"这个手势表示的是"肛门"。阿拉伯人用两个小拇指拉在一起表示断交，吉卜赛人掸去肩上的尘土表示"你快滚开"。

由此不难看出，每种文化都有自己的"手势语言"。千姿百态的手势语言，饱含着人类无比丰富的情感。它在人际交往中有时能起到有声语言无法替代的作用。

日常生活中某些不雅的行为举止会令人极为反感，严重影响交际风度和自我形象，应该注意避免。如当众搔头皮、掏耳朵、抠鼻孔、剔牙、咬指甲、搓泥垢等，餐桌上更应注意。参加交际活动前不要吃葱、蒜、韭菜等异味食品，如果已经吃过这类食品应该漱口，含茶叶、口香糖、口香液以除异味。咳嗽、打喷嚏时，请用手帕或手巾纸捂住嘴并转向一侧，避免发出大声。口中有痰请吐在手纸、手帕中，手中的废物请扔进垃圾箱，特别是拜访别人时，这些简单的礼仪要求都是必须遵守的，否则你将是一位不受欢迎的人。

手势不能配合个性或者说话的内容，反倒会弄拧所传达的信息，做一个成功的手势时，整个肢体都在进行，配合这样持续完整的动作，自信完满的手势语，表示对身处的状况觉得泰然自若，肯定的手势可以增强自信，却不是为说话的内容添油加醋，手势是无法预先计谋的，必须由感觉来产生，同时为了要好好发挥手势语，手势必须真正发自内心。

表情，内心的晴雨表

人类的祖先为了适应自然环境，达到有效沟通的目的，逐渐形成了丰富的表情，这些表情随着人类的进化而不断发展、演变，成为非言语沟通的重要手段。在所有的身体姿态中，人们了解最多的就是面部表情。因为，常见的喜怒哀乐、爱恨痴狂，往往会形之于色，令人一望即知。面部表情最为直观地展示出了人们的心理状态及其变化过程。

表情，是人内心的情感在面部、声音或身体姿态上的表现。当外部客观事物以物体的、语言的、行为的方式刺激大脑时，人就会产生各种内在反应即情感，这种情感会通过人体相应的表情呈现出来，表现在人的面部、身体、姿态、声音上。人们常说，情动之于心、形之于外、传之于声就是这个意思。

面部是身体上最易引起注意的部位，是非常复杂的表情管道。若你对对方或当时的情况了解的话，你就能正确地判断出对方面部表情所代表的情绪。

人的面部表情是复杂的。人的面部有数十块表情肌，可产生极其复杂的变化，生成丰富的表情。比如，可表现肯定与否定、接纳与拒绝、积极与消极、强烈与轻微的情感。它可控、易变，效果较为明显。据研究，人类的面部表情可以有25万种之多，可见人类表情的丰富。

古人说："人身之有面，犹室之有门，人未入室，先见大门。"比如打电话时虽然看不到打电话的人，但表情却影响传过来的声音，没有哪一个人能以愤怒的表情说出优美、和蔼、动听的问候语。可见表情在人与人之间的感情沟通上占有相当重要的地位。

俗话说："人逢喜事精神爽。"如果春风得意，必定是双眉舒展并面带笑容；如果内心悲哀，则必定是双眉紧锁、脸带愁云；如果是怒火中烧，一般来说，会脸红脖子粗，面部肌肉抽搐不止，双眉竖立、做咬牙切齿状；如果是有愧于心，也许会脸热心跳，呼吸急促，两耳发热，脸上多半会出汗，这就是古人为什么用"汗颜"来形容羞愧的道理；如果是恐惧，通常会脸色苍白，皮肤温度下降，呼吸不畅，嘴唇颤抖等，不一而足。

面部表情同样有助于人与人之间的沟通。虽然一些人在与别人交谈的时候，竭力控制自己的感情，掩饰自己的表情，尽量做到面无表情，但还是多多少少会将感情写在脸上的。这些不自觉的面部表情对语言信息来说起到了一种补充作用，甚至可能完全替代语言信息。人们通过表情来表达自己的情感、态度，也通过表情理解和判断他人的情感和态度，有效的人际沟通离不开表情。

俗话说："善人有善相，恶人有恶相。"一个人是心地善良宽厚还是邪恶狡诈，是热情随和还是冷漠高傲，是乐于交际还是孤独不合群，甚至一个人是从事何种职业，很多时候是可以从面部表情分辨出来的。

健康的表情留给人们的印象是深刻的，它是优雅风度的重要组成部分，尤其是目光和微笑，它们往往能够展示你的全部。

一个善于通过目光和笑容表达美好感情的人，可以使自己富有想象力，也会给人更多的美感。人际交往中多一些敬重，多一些宽容和理解，表情就可以更美，交际形象就会更好和更有风度。乐观的表情会为你带来更多的朋友。

在面部表情上，对于嘴的作用不可轻视。人们大都懂得眼睛很会说话，而对于嘴的作用则不太注重。美国的一位心理学家为了研究比较眼和嘴在表情达意上的作用，他将许多表现某种情绪的照片横切之后再综合复制，比如把表现痛苦的眼睛和一张表现欢乐的嘴配合在一起。实验结果表明，观看照片者受嘴的表情的影响远甚于受眼的影响，也就是说，嘴比眼能表现出更多的情绪。问题倒不在于嘴与眼相比，谁的表现力更强，而在于我们的嘴不出声就会"说话"，让我们看看嘴唇都有哪些"表情"：嘴唇闭拢，表示和谐宁静、端庄自然；嘴唇半开，表示疑问、奇怪、有点惊讶，如果全开就表示惊骇；嘴唇向上翘，表示善意、礼貌、喜悦；嘴唇向下，表示痛苦、悲伤、无可奈何；嘴唇噘着，表示生气、不满意；嘴唇绷紧，表示愤怒、对抗或决心已定。

可见，面部表情能够传达复杂而微妙的信息，让你洞悉对方的心理。与人交往时，面部表情宜生动，并要配合说话的内容，而笑容亦是面部表情所需的一环，一个友善的笑容，表示愿意敞开心扉与人交往。别人接收到这个友善的信息后，也较愿意接近你，并与你交往。

眼神，展示情感的窗口

看一个男人的品位，就看他的袜子；看一个女人的身份，就看她的手指；看一个人的心术，就看他的眼神。眼神会泄露一个人的内心秘密，与人沟通首先要了解眼神背后的心理。

人们常说，眼睛是心灵的窗户，是人类心灵沟通的重要工具，经由眼神可达到交换彼此意见的目的。转瞬即逝的眼神可以包含丰富的信息，足以表达一个人的内心意向。无论一个人心里正在想什么，眼神里都会忠实地反映出来，正如哲人爱默生所说的："人的眼睛和舌头所说的话一样多，不需要字典，却能从眼睛的语言中了解整个世界。"所以，眼睛也是观察一个人内心世界的重要途径，通过观察眼睛可以探测到对方的内心世界。

孟子认为，观察人的眼睛，可以知道人的善恶。人的心灵是善是恶，都可以从无法掩盖的眼神里显示出来。现代心理学研究发现，眼神可真实地反映一个人复杂多变的心理活动。例如，一个人感到愉悦、喜爱、兴奋的时候，眼神就会明光发亮；而当人感到生气、沮丧的时候，眼神就无精打采。

因此，在和别人说话的过程中，一定要运用好自己的眼神。要想使对方知道自己在认真倾听对方的讲话，你的眼神与对方的眼神一定要保持好联系。对方讲话时，你最好与他的眼神不断地会合，不要东张西望。与人交谈时随便看其他地方，说话的人一定会感到不高兴。

理解了对方的意思时，要表现出领会的眼神；渴望得到对方的讲解时，要表现出诚恳的眼神；对方说到幽默处，要表现出喜悦的眼神；对方出现悲伤时，要表现出同情的眼神等。耳朵与大脑是语言的接收器，眼睛则是接收后的反应器。听到别人的信息也置若罔闻、呆若木鸡，谈话的双方就无法沟通下去，应该及时接受、及时反馈，从而吸引说话的人的注意力。

运用眼神，可以使沟通更为有效。例如，老师如果能够巧妙地运用眼神表达自己的感受，有时会收到意想不到的良好效果。

上课时，如果某个孩子乱讲话或随便做小动作，干扰其他孩子听讲，老师可以轻轻地走到他身边，拍拍他的肩膀或者摸摸他的头，给他一个制止的眼神，孩子会立刻意识到自己的错误，并及时改正。这样做，比当着全班的面，对他们进行强行制止效果要好得多。既能使孩子更容易接受，也不伤害他们的自尊心。

　　用眼神和别人沟通，不仅表明你很自信，同时也表示你对别人很尊敬。当你发表演说时，眼睛要注视着听众，语气里要带有强调的成分，加入更多的感情色彩。如果这时你的眼睛看着别处或盯着地板，那就说明你对自己所说的话并不确信，或者你说的可能根本就不是事实。例如，当销售人员的眼睛炯炯有神地向客户介绍产品时，眼神中透射出的热情、真诚和执着往往比口头说明更能让客户信服。充满热情的眼神，还可以增加客户对产品的信心以及对这场推销活动的好感。

　　眼睛盯着人看，这对有些人来说可能有点困难。但是，如果你正在努力赢得人们的好感，并且想表示你所说的话很认真，这就显得很重要了。例如，当你走进老板的办公室要求他升你的职时，如果你的眼睛紧盯着他，而不是低着头，那么他会更认真地考虑你的请求。当你在单位陈述你的一份商业计划时，如果你用自信的眼神看着周围的人，那么大家就会更加信任你并认可你的计划。